D1432998

Emociones: las razones que la razón ignora

MARIA MERCÈ CONANGLA
JAUME SOLER
LAIA SOLER

Emociones: las razones que la razón ignora

25 metáforas de ecología emocional
para el crecimiento personal

EDICIONES OBELISCO

Si este libro le ha interesado y desea que le mantengamos informado
de nuestras publicaciones, escríbanos indicándonos qué temas son de su interés
(Astrología, Autoayuda, Ciencias Ocultas, Artes Marciales, Naturismo, Espiritualidad,
Tradición…) y gustosamente le complaceremos.

Puede consultar nuestro catálogo en www.edicionesobelisco.com.

Colección Nueva conciencia

EMOCIONES: LAS RAZONES QUE LA RAZÓN IGNORA
Maria Mercè Conangla, Jaume Soler, Laia Soler

1.ª edición: octubre 2012

Maquetación: *Joan Rosique*
Corrección: *Sara Moreno*
Diseño de cubierta: *Enrique Iborra*
Ilustraciones: *Carlos Cubeiro*

Edita: Ediciones Obelisco, S. L.
Pere IV, 78 (Edif. Pedro IV) 3.ª planta, 5.ª puerta
08005 Barcelona - España
Tel. 93 309 85 25 - Fax 93 309 85 23
E-mail: info@edicionesobelisco.com

Paracas, 59 - Buenos Aires
C1275AFA República Argentina
Tel. (541 - 14) 305 06 33
Fax: (541 - 14) 304 78 20

ISBN: 978-84-9777-885-5
Depósito Legal: B-24.453-2012

Printed in Spain

Impreso en España en los talleres gráficos de Romanyà/Valls S. A.
Verdaguer, 1 - 08786 Capellades (Barcelona)

Presentación

Más allá de lo evidente hay universos por descubrir.
Allá donde los ojos no ven, hay territorios ignotos por explorar.
Son espacios interiores a los que es difícil acceder directamente.
Contienen la sabiduría acumulada en generaciones.
Fuentes de conocimiento intuitivo nos esperan.

En este libro te proponemos un viaje interior diferente, con un lenguaje diferente. Usaremos metáforas.

Metáfora. Del griego metá/metastas *(«después de/más allá»)* y phorein *(«llevar/pasar»). Llevar más allá.*

Ésta es la magia de las metáforas: nos trasportan. Atraen la atención y burlan los mecanismos de defensa mentales, potencian el proceso de reflexión y el aprendizaje de una forma en que pocas herramientas hacen. Por eso el uso de metáforas se remonta al inicio de la humanidad y nos ha acompañado hasta nuestros días. Platón, Jesús o Milton Erickson, pasando por los autores de los clásicos cuentos infantiles, todos ellos eran conocedores del enorme poder de las metáforas.

Desde que en el 2002 creamos el concepto de ecología emocional, hemos desarrollado y aplicado las metáforas que este libro recopila. En múltiples cursos, seminarios, conferencias y dinámicas de grupo hemos trabajado conceptos complejos y profundos apelando a estas imágenes aparentemente sencillas. ¡Y funcionan! Este libro aúna y ordena 25 metáforas del universo de la ecología emocional. Cada una con su concepto, textos complementarios para su comprensión, preguntas para la reflexión y ejercicios para ponerlas en práctica. Practicar para crecer y mejorar.

Además, hemos incluido en el inicio de cada metáfora algunos elementos de referencia para situarla en su marco conceptual (área-conceptos-actitudes-emociones), para las personas que ya están familiarizadas y aplican la ecología emocional en su vida o profesión y los lectores que deseen profundizar y continuar investigando en ellas.

Se nos ha dicho que una imagen vale más que mil palabras. Nosotros afirmamos que estas metáforas unidas a la comprensión de su significado y a un constante entrenamiento, valen una vida más feliz. Queremos compartir contigo este material de trabajo y animarte a usarlo, para ti mismo o para acompañar a otros en su proceso de crecimiento personal. Metáforas como llaves que abren universos; como conectores para hacer consciente esta sabiduría intuitiva que llevamos dentro.

La vida es inexplicable, pero en este libro puedes encontrar algunas pistas para elaborar tu propio relato. De esto se trata: tú puedes ser al mismo tiempo director, guionista y actor de tu existencia. Así pues, este libro es para ti, para tus hijos, para tus alumnos, para tus pacientes, para tu entorno, para el mundo. ¡Atrévete a descubrir el poder de trasformación de las metáforas de la ecología emocional!

Maria Mercè, Laia y Jaume

Ecología emocional
en 250 palabras

Nació pequeñita como una chispa de luz, una idea, una inspiración.

Incubamos esta semilla con atención y cariño.

Alimentamos esta intuición buscando en múltiples fuentes de sabiduría.

Adaptamos la esencia de la ecología del medio ambiente a la gestión del mundo emocional.

Investigamos, la aplicamos, aprendemos.

Ecosistemas emocionales, espacios protegidos, energías emocionalmente ecológicas, clima y contaminación emocional, calentamiento emocional global, lluvia ácida y la tala indiscriminada de afectos, sostenibilidad emocional, basuras y tóxicos emocionales, afectos en peligro de extinción, vitaminas emocionales, la PsicoEcoAfectividad. Las tres Leyes de la ecología emocional; los Siete principios para la gestión emocionalmente ecológica de las relaciones; el Código ético; el modelo CAPA de ser humano; contratos emocionales; Emociones: Patrimonio Inmaterial de la Humanidad, organizaciones con corazón, sello OEE[1] de calidad emocional... Numerosos conceptos y propuestas a la vez sencillos y profundos. Sobre todo, aplicables a la vida personal, profesional y a la mejora de nuestro ecosistema humano.

Doce libros que desarrollan esta cosmovisión, esta forma de mirar y situarnos en el mundo, conscientes de nuestra responsabilidad en el equilibrio del TODO en el que participamos y un máster de Ecologia Emocional que se imparte en Barcelona (Fundació AMBIT) y en Madrid (Fundación Tomillo).

Continuamos el camino con ilusión. Cada vez más personas eligen las propuestas de la ecología emocional para crecer a diario. Este libro nace con ánimo de servicio y pone a tu disposición algunos materiales que esperamos que disfrutes y apliques, si así lo eliges.

www.ecologiaemocional.org

---

1   Organizaciones Emocionalmente Ecológicas.

EL VIAJE DE LA VIDA

▶ Puzle

▶ La casa de las emociones

▶ El escáner emocional

▶ El eje pensamiento-emoción-acción

▶ Taburete de tres patas

El viaje de la vida

¿Preparado para el VIAJE DE LA VIDA? Encaja las piezas de tu *puzle* vital, visita la *casa de las emociones* y conoce a sus habitantes, hazte un *escáner emocional,* alinea bien tu *eje pensamiento-emoción-acción* y prepárate para asentarte en un *taburete de tres patas* vital bien equilibrado. ¿Estás dispuesto?

Puzle

Recupera por unos momentos tu infancia. ¿Te gustaba hacer puzles? No siempre era fácil, ¿verdad? ¡Tantas piezas por colocar, tantas formas y colores diferentes! Y al mismo tiempo ¡cuánta satisfacción cuando conseguías encajarlas! No siempre a la primera, era una suerte de aprendizaje por ensayo y error hasta que cada parte hallaba su sitio en el Todo. Y el dibujo aparecía claramente. ¡Lo habías logrado! ¡Qué satisfacción! De forma parecida, es preciso hallar nuestro lugar en el mundo y encajar las piezas que conforman nuestra vida de forma armónica, sin forzar, sin alterar el dibujo conjunto, el sentido de todo el puzle vital. De esto trata la primera metáfora que proponemos en este capítulo.

La casa de las emociones

En este gran viaje de la vida a veces nos sentimos perdidos. Nuestra mente racional, tan trabajada, tan repleta de informaciones, de ruidos, de pensamientos, de exigencias, de juicios… puede imponer su dominio y ahogar nuestras emociones. Esta segunda metáfora te servirá para recordar su importancia en tu vida. Las emociones son indicadores que, a modo de semáforos, te avisan acerca de cómo te relacionas contigo mismo y con el mundo que te rodea. Son agradables cuando actúas de forma inteligente y adaptativa, y son desagradables y te provocan sufrimiento cuando actúas en contra de la vida. Entonces, te penalizan para que revises tus conductas. Como toda casa necesita cuidados, un buen mantenimiento y atención. ¿Cómo te relacionas con ella? ¿Te animas a visitar tu «casa emocional»?

El escáner emocional

Desconocemos muchos de los seres vivos que comparten nuestro viaje de la vida en este planeta Tierra. De forma similar también ignoramos o desconocemos algunas de las emociones que nos habitan. Si ya has visitado la casa de las emociones, te será más fácil reconocerlas. El escáner emocional te conecta a ellas y te recuerda que es preciso que estés atento a lo que sientes y aprendas a darle nombre. Sólo si eres consciente de lo que sientes podrás gestionarlo ecológicamente.

El eje pensamiento-emoción-acción

Estás bien alineado contigo mismo? La metáfora del «eje pensamiento-emoción-acción» te mueve a prestar atención a tu coherencia personal. Hay una relación dinámica entre lo que piensas, sientes y haces; y lo cierto es que no siempre acabas haciendo lo que piensas que deberías hacer. Lo que haces te mueve determinadas emociones, y éstas te pueden hacer actuar de forma ilógica o desajustada. También habrás comprobado que tus pensamientos pueden hacer surgir emociones agradables o desagradables en tu interior. Por lo tanto, si quieres gozar de un buen nivel de bienestar emocional, deberás aprender a trabajar en equipo con todos estos elementos.

Taburete de tres patas

Imagina un taburete de tres patas en el que una de ellas fuera muy larga y las otras dos más cortas. ¿Podrías sentarte en él? Seguramente no, o tal vez con poco equilibrio o muy incómodamente. El taburete no cumpliría su función. La metáfora del taburete de tres patas pretende moverte a reflexionar sobre si te estás desarrollando sincrónicamente en los tres niveles del ecosistema: la mejora de ti mismo, la mejora de tus relaciones con los demás y el cuidado del mundo. El equilibrio entre ellos es clave para conseguir bienestar y salud emocional.

Puzle

ÁREA EE Visión general del ecosistema emocional

CONCEPTOS EE Ecosistema emocional / Intersomos / Conciencia de impacto global / Ley de la diversidad y riqueza de afectos / Ley de la interdependencia afectiva

ACTITUDES Esfuerzo / Generosidad / Colaboración / Participación / Solidaridad / Voluntad

EMOCIONES Alegría / Amor / Compasión / Esperanza

RELATOS

Yo… ¿qué puedo hacer?

Aquella noche Martin Luther King ofrecía una conferencia. Quería convencer a los asistentes de la importancia de desarrollar un profundo sentido de colaboración entre las personas, a fin de poder lograr objetivos valiosos para la comunidad. Él había escuchado repetidamente la misma queja estéril:

—¿Pero yo qué puedo hacer?

Luther King mandó apagar las luces del estadio. Cuando todo estuvo en tinieblas, preguntó:

—¿Alguien podría ayudar a iluminarnos?

Todos permanecieron en silencio. Él sacó su mechero y lo encendió.

—¿Veis esta luz? –dijo.

El público asintió, en silencio.

—¿Nos sirve para algo?

Nuevamente, silencio.

—Sacad ahora, cada uno de vosotros, vuestro mechero, y cuando yo os dé la señal, encendedlo.

El estadio se iluminó con miles de pequeñas luces.

Interser

En este libro que leéis está «todo». Está el sol que calentó con sus rayos cálidos los árboles del bosque. Está la nube que, generosa, regó con su agua sus raíces para que crecieran fuertes y sanas. Están las estaciones del año que dieron tiempo y marcaron su ritmo de crecimiento. Nubes, agua, cielo, bosques y sol «intersón».

En este libro que leéis está el leñador que cortó el árbol y el camionero que trasportó los troncos. Están los obreros de la fábrica donde se hace la pasta y se fabrica el papel. Está el que ha impreso estos textos. Todos ellos «intersón».

En este libro está lo aprendido por los que lo han escrito y las personas que les enseñaron. Están todos aquellos que creyeron en él. En este papel que tocáis y leéis está el trabajo de muchos, sus ilusiones y empeños. Todos ellos «intersón».

En este libro estáis vosotros, porque de nada servirían unos trazos grabados en el papel si no hubiera nadie que los leyera e interpretara. Y al estar vosotros están también vuestros padres y las personas que os criaron y vuestros maestros. También vosotros «intersóis».

En este libro está el editor que lo editó y el librero que te lo vendió. En este libro está la luz que os permitió verlo, y el tacto que os permitió reconocerlo. Todo ello y mucho más forma parte del Todo en el que estamos inmersos. Nada es solo. Todo es con Todo lo demás. Por esta razón, el verbo «interser» debería figurar en el diccionario. «Ser» es «interser». No podemos ser solos, debemos «interser» con todo lo que existe. Si la hoja de papel es, es porque todo el resto es.

Visión

••

Somos parte de un gran todo en el que somos piezas únicas
e insustituibles

••

No estamos aquí por casualidad. Los humanos creamos nuestra realidad. La moldeamos con nuestras conductas, formas de obrar, actitudes y aportaciones. Y éstas pueden ir orientadas a «ser parte de la solución» o a formar parte del problema del mundo. Esta posibilidad de elegir nos hace responsables: nuestros actos tienen consecuencias en las demás personas y en nuestro ecosistema influyendo en el curso de nuestra evolución como individuos y como especie.

Tu existencia forma parte de una cadena humana que tiene su origen en tiempos remotos. Tú estás hoy aquí, leyendo este libro, porque todos tus antepasados, con sus aportaciones, lo han hecho posible. En este enorme tapiz o gran puzle de la humanidad, tu pieza es única. Nunca ha habido ni volverá a haber alguien igual que tú. Esto te hace especial y te da valor. Tu aportación no puede ser sustituida por ninguna otra. Nadie puede hacer este trabajo por ti.

A lo largo de la vida das respuesta a los retos que se te plantean en cada momento. Estas respuestas van modelando «tu pieza» y al mismo tiempo crean tu realidad. No hay neutralidad posible. Las partes impactan en el TODO y viceversa.

Lo cierto es que ante toda situación tienes diferentes opciones:

Una es abstenerte y dejar que otros hagan y decidan, se encarguen y lo solucionen. Es una pasividad que colabora con la destrucción y es parte del problema. Porque todo lo noble, bello, bueno y amoroso que dejas de aportar de al conjunto provoca un vacío en el puzle-tapiz de la humanidad, y esta ausencia le resta riqueza, fuerza y equilibrio.

Si aportas maldad, agresividad y destrucción colocas una pieza que provocará sufrimiento en el conjunto. Todo lo que contacte con ella puede enfermar y afectar todo el ecosistema aumentando el caos.

En cambio, cuando das lo mejor de ti, cuando tu sentido de vida es crecer, ayudar a crecer a los demás y a mejorar el mundo, entonces colocas en el gran Todo una pieza que brilla con especial intensidad.

Tu aportación es tu legado, tu huella de tu paso por el mundo. ¡Tú decides!

PALABRAS PARA LA REFLEXIÓN

La vida… ¡Tantos murieron sin probarla!
J. L. SAMPEDRO

Creo en mí porque algún día seré todas las cosas que amo.
LUIS CERNUDA

Lo que somos nosotros… esto es el mundo.
SOLER & CONANGLA

Ser consciente de uno mismo equivale a ser consciente de lo que no es uno mismo. Sea por tanto el resto del Universo.
JORGE WAGENSBERG

>> *No hay hecho, por humilde que sea, que no implique la historia universal y su infinita concatenación de efectos y causas.*

JORGE LUIS BORGES

>> *Porque cuando una mariposa mueve sus alas, una brisa recorre el mundo; cuando una mota de polvo cae al suelo, el planeta entero pesa un poco más; y cuando das un pisotón, la tierra se sale ligeramente de su curso. Siempre que ríes, la alegría se propaga como las ondas de un estanque; y cuando estás triste, nadie, en ninguna parte, puede ser realmente feliz.*

NORTON JUSTER

>> *—¿Qué es una persona normal? –preguntó Jean Claude Carrière al psiquiatra Oliver Sacks.*

—Aquella que conoce su pasado (sus orígenes, lo que ha hecho), su presente (lo que está haciendo) y su futuro (sus planes y la certeza de que va a morir). O sea, alguien que se ve a sí mismo como un personaje situado en un punto de una historia con su principio y su final.

>> *¿Cómo podemos estar solos y al mismo tiempo ser individuos que no se queden en soledad?*

ERICH FROMM

>> *Cada uno de nuestros organismos es una república de treinta mil millones de células. ¿Por qué no podría autoorganizarse una federación de algunos centenares de naciones y de unos 6000 millones de* homo sapiens? *No sólo es razonable, es vital planteárselo.*

EDGAR MORIN

≪ *Existir es estar relacionado. Estar relacionado es existir. Sólo existimos en la relación; sin ella la existencia carece de sentido.*

KRISHNAMURTI

≪ *A estas alturas de la vida, es pura inconsciencia y necedad pensar que el sufrimiento de los demás, o las injusticias que sufren, sólo a ellos atañe. Somos una «comunidad» unida por hilos invisibles. El aletear de unas alas de mariposa en una parte del mundo puede ser el inicio de un huracán que arrase en la otra parte.*

SOLER & CONANGLA

PREGUNTAS PARA CRECER

- ¿Qué es lo más especial y valioso de «la parte del TODO» que tú eres?
- ¿Cómo son las piezas que rodean la tuya?
- ¿Quién la está colocando?
- ¿Encajan bien con la tuya?
- ¿Dónde te sitúas en el todo del que formas parte? ¿Dónde te visualizas, en el centro o en la periferia? ¿Por qué?
- ¿Cómo visualizas en este momento el tamaño de tu pieza?
- ¿Qué colores, formas y texturas contiene?
- ¿Qué valores aporta al conjunto de tu ecosistema familiar, profesional o social?
- ¿Qué te gustaría dejar en el mundo como legado?
- ¿Qué has recibido tú como herencia emocional de tu familia?

EJERCICIOS PARA PASAR A LA ACCIÓN

El puzle

Ejercicio individual

Se trata de hacer un *collage* en una cartulina que podemos preparar recortándola como una gran pieza de puzle. Se pone una música suave y agradable de fondo. Se cogen revistas, periódicos y otros materiales gráficos disponibles para reciclar y con unas tijeras se va recortando todo aquello que, por algún motivo, nos llame la atención o resuene emocionalmente: palabras, frases, imágenes, pedazos de colores o formas. A continuación, y dejándonos llevar por la inspiración, vamos pegando los trozos en la cartulina componiendo el *collage*. De alguna forma, el contenido final debe representar un resumen de cómo nos vemos a nosotros mismos, lo que nos mueve, nos interesa, nos llama la atención, lo que compartimos, nuestras cualidades o características, lo que queremos aportar al mundo. Después de reflexionar al final, escribimos las conclusiones.

Ejercicio para realizar en grupo

Muy adecuado para que se presenten las personas que lo forman. Se hace un *collage* con imágenes y palabras de todo tipo, color y tamaño. Se pone una música de fondo y se pide silencio a los participantes mientras dura la dinámica. Se deja la cartulina en el centro de un círculo que forman las personas junto con unas tijeras. Se da como instrucción que

el grupo se reparta la cartulina y que cada persona recorte aquella parte que de alguna forma tenga que ver con su momento actual o que diga algo sobre ella. Al finalizar la rueda, cada participante presenta su pieza a los demás, explica por qué la ha elegido y qué tiene que ver con su momento.

Cuando todos han hablado se pide al grupo que recomponga el Todo. En función de las dificultades se pueden lanzar preguntas a modo de reflexión tipo:

- ¿Recordabas dónde estaba colocada tu pieza dentro del conjunto?
- ¿Qué figuras o palabras estaban a su alrededor?
- ¿Has recortado más de una figura?
- ¿Has dejado de recortar lo que te gustaba por algún motivo especial?

- Después de reflexionar se escriben las conclusiones.

Carta a un recién nacido

Acaba de nacer un niño. Escríbele una carta invitándole a integrarse como pieza única e importante en el gran puzle de la humanidad. Dale diez razones basadas en tu experiencia para convencerle de que realmente vale la pena vivir esta vida que acaba de empezar. Explícale los 10 aprendizajes más importantes que hasta ahora has hecho y se los regalas amorosamente.

La casa de las emociones

ÁREA EE Visión general del ecosistema emocional

CONCEPTOS EE Ecología / Emociones / Sentimientos / Afectos / Diccionario emocional / Gestión emocional adaptativa

ACTITUDES Conciencia / Atención / Prudencia / Escucha

EMOCIONES Alegría / Amor / Compasión / Esperanza / Tristeza / Ira... y todos los demás colores afectivos

RELATOS

Donde está el hogar

Se cuenta que en una ocasión un reportero fue a hacer el reportaje del incendio de una casa que había quedado totalmente consumida por el fuego. Delante de la casa estaba la familia: el padre, la madre y el niño pequeño mirando cómo todo había sido devorado por el fuego. Con voz amigable, el reportero dijo al niño:

—Hijo, parece que te has quedado sin hogar…

El niño miró al reportero y con una sabiduría que superaba su edad le respondió:

—No. Hogar sí que tenemos. Lo que no tenemos es una casa donde ponerlo.

La isla de los sentimientos

Érase una vez una isla en la que habitaban todos los sentimientos: la Alegría, la Tristeza y muchos, muchos más, incluido el Amor. Un día avisaron a sus habitantes de que la isla se hundiría. Inmediatamente todos los sentimientos se dieron prisa en abandonar la isla. Subieron a sus barcos, empezaron a navegar y se alejaron. Todos menos el Amor, que decidió quedarse un poquito más en la isla que tanto amaba antes de que se hundiera para siempre.

Cuando la isla estaba a punto de anegarse por completo, el Amor empezó a ahogarse y pidió ayuda. Pasó la Riqueza en su barco y el Amor le dijo:

—¡Riqueza, llévame contigo!

—No puedo, hay mucho oro y plata en mi barco y no me queda espacio para ti –respondió.

Después le pidió ayuda a la Vanidad, que estaba pasando en aquel momento por allí:

—Vanidad, por favor, ¡ayúdame!

—No te puedo ayudar, Amor, estás todo mojado y vas a arruinar mi barco –dijo.

Entonces el Amor pidió ayuda a la Tristeza:

—Tristeza, ¿puedo ir contigo?

—Ay, Amor, estoy tan triste que prefiero ir sola.

Desesperado, el Amor empezó a llorar. Entonces oyó una voz que le decía:

—Ven, Amor, yo te llevo.

Era un viejecito muy amable. El Amor estaba tan feliz que se olvidó de preguntar su nombre.

Al llegar a tierra firme, el Amor le preguntó a la Sabiduría:

—Sabiduría, ¿quién era el viejecito que me trajo hasta aquí?

—Era el Tiempo.

—¿El Tiempo? ¿Y por qué sólo el Tiempo me quiso llevar.

La Sabiduría le respondió:

—Porque sólo Tiempo es capaz de ayudar y entender un gran Amor.

···

EMOCIONES = Llegan, nos habitan, nos informan
y las dejamos partir

···

El origen de la palabra ecología viene del griego oikos = *casa, y el sufijo* -logos = *conocimiento.*

La expresión ecología emocional significa etimológicamente: «Conocimiento de nuestra casa emocional». *La ecología emocional enseña el arte de gestionar nuestras emociones de tal forma que la energía que nos aportan sirva para mejorar como personas, aumentar la calidad de nuestras relaciones y cuidar mejor el mundo que habitamos.*

Cuando nacemos, en nuestro interior ya existe el embrión de lo que será nuestra casa emocional. Al principio sólo es una estancia en la que residen emociones básicas imprescindibles para nuestra supervivencia: el miedo, la ira, la tristeza, la alegría, el asco. ¿Cómo es en este momento? ¿Es una casa abierta, bien ventilada, acogedora, con espacios libres de barreras, un buen clima emocional, donde las emociones entran y salen de forma fluida? ¿O más bien es una casa cerrada a cal y a canto, con muros defensivos, con pinchos que hacen difícil su acceso, con algunas habitaciones cerradas que retienen emociones prohibidas? En función de cómo sea vamos a gozar de un buen nivel de salud emocional o bien vamos a sentirnos en desequilibrio e infelices.

Te proponemos que hagas el ejercicio de cerrar los ojos y reflexionar sobre tu casa emocional. A estas alturas de tu vida eres responsable de lo que en ella ocurre. Es importante que conozcas bien sus habitantes, estas emociones, sentimientos, pasiones y afectos que entran y salen de ella, que se relacionan entre ellas y nos mueven a la acción.

¿Te gustan estos habitantes de la casa? ¿Predominan las emociones agradables o las desagradables? ¿Tienes habitantes que se han apalancado en tu casa?

Recuerda que las emociones son un lenguaje valioso útil para ir más orientado en tu vida. Te aportan datos sobre cómo te relacionas contigo mismo, con los demás y cómo evoluciona tu proyecto de vida. Si las atiendes, les das nombre, si una vez escuchadas incorporas la información a tu mapa mental y las dejas partir, las estarás gestionando ecológicamente y serán tus aliadas.

Es posible que no hayas entrado en algunas habitaciones de tu casa emocional. Tal vez temas qué hallarás detrás de sus puertas. Allí pueden estar prisioneras algunas emociones. Hay quien no se permite sentir el enfado y lo encierra en su interior. Y a fuerza de acumular ira y dejar pasar el tiempo sin gestionarla, ésta puede convertirse en rabia, rencor o resentimiento. Si tú sientes estas emociones… es el momento de «ventilar habitaciones».

Si dejas encerrada en una habitación de tu casa emocional algunas emociones desagradables o dolorosas como pueden ser la envidia, el resentimiento, el rencor, los celos… recuerda que van a convertirse en tóxicos emocionales que te dañarán a ti y a las personas que te rodean, puesto que en algún momento serán «lluvia ácida» que arrasará la relación.

Por otro lado, no debes prohibir que entren en tu casa determinadas emociones desagradables. Incluso ellas te informan de algo que es importante para reconducir tu vida. Así la tristeza te indica que estás viviendo algo como si fuera una pérdida, la ira te informa de que sientes que alguien o algo es un obstáculo para lo que quieres conseguir; el asco o la aversión te indica que debes apartarte de una situación o de algo que es insano para ti; el miedo te señala que intuyes un peligro y te empuja a protegerte o a defenderte, la alegría busca repetir la situación placentera, y la sorpresa promueve la apertura al aprendizaje. ¡Deja que entren en tu casa, acógelas, escúchalas y permíteles que se vayan! ¡Que no se instalen permanentemente en ella!

Tampoco es conveniente retener o evitar compartir emociones tan bellas como la alegría, el amor, la ternura, la gratitud… Como decía el poeta Evtuixenko, incluso la ternura puede ser letal si se esconde. Cuando no expresas estos sentimientos, el mundo se pierde lo mejor, evitas que mejore el clima emocional, y dejas de dar vitaminas emocionales a tus relaciones. ¿Acaso puedes perder algo por abrazar, decir gracias o te quiero, ser detallista con alguien, o regalar alegría a los demás? Compartir emociones positivas es una estrategia siempre ganadora.

La naturaleza de las emociones es fluir. Sean agradables o desagradables de sentir, una vez cumplida su misión, debemos dejarlas partir.

PALABRAS PARA LA REFLEXIÓN

« *Los sentimientos que nos hacen más daño, las emociones que más nos afligen son las que son absurdas —el ansia de las cosas imposibles, precisamente porque son imposibles, la año-*

*ranza de aquello que nunca ha existido, el deseo de lo que po-
día haber sido, la pena de no ser otro, la insatisfacción de la
existencia del mundo–; todas aquellas medias tonalidades de la
conciencia del alma crean en nosotros un paisaje dolorido, una
eterna puesta de sol de lo que somos [...]. Sentirnos es entonces
un campo desierto al oscurecer, triste cañar al pie de un río sin
barcos, negreando claramente entre las lejanas orillas.*

FERNANDO PESSOA

*Todas las vidas son difíciles; el éxito de la realización de
algunas de ellas radica en su forma de afrontar los sufrimientos.
Cada dolor es una confusa señal de que hay algo que va mal,
que puede engendrar tanto un buen como un mal resultado,
en función de la sagacidad y la fortaleza de quien lo sufre.
La ansiedad puede precipitar el pánico o bien dar lugar a un
análisis de aquello que va mal. La sensación de injusticia puede conducir al asesinato o a una innovadora obra de teoría
económica. La envidia puede desembocar en amargura o bien
en una decisión de competir con un rival y en la producción de
una obra maestra.*

ALAIN DE BOTTON

*Todo acontecimiento que produce una resonancia afec-
tiva en nosotros es importante por algún motivo. Por eso, el
hecho de no considerar estas informaciones o traducirlas inco-
rrectamente puede reducir nuestra calidad de vida y niveles de
satisfacción vital.*

SOLER & CONANGLA

*No todo viaje es externo: hay trascursos decisivos que no
van de un punto geográfico a otro, sino que deambulan sólo*

por la intimidad de la conciencia [...]. La más audaz de las travesías, el descubrimiento del más exótico paisaje, la más remota de las peregrinaciones, no pueden proporcionarnos nada parecido a un estado de ánimo [...]. Aquello que nos sucede, siempre nos sucede dentro. Después de todo, toda experiencia siempre es interior.

FERNANDO SAVATER

Una persona siente, y aquello de bueno o de malo que ocurra a continuación dependerá en buena medida de su destreza para reconocer, traducir y gestionar esas emociones, y del hecho de quedar anclado en ellas o de saber desprenderse de ellas y canalizarlas.

SOLER & CONANGLA

Se puede huir de todo menos de uno mismo, aunque el caos reine en nuestro interior.

GAO XINAJIAN

El corazón tiene razones que la razón ignora.

PASCAL

Si extraes lo que tienes dentro, lo que saques te salvará. Si no sacas lo que llevas dentro, lo que no extraigas te destruirá.

Evangelios gnósticos

PREGUNTAS PARA CRECER

- ¿Qué afectos –emociones, sentimientos, estados de ánimo, pasiones– habitan más a menudo tu casa emocional?
- ¿Has prohibido el paso a algunas emociones en concreto? ¿Por qué?
- ¿En tu interior hay alguna habitación donde se acumulen emociones desde hace mucho tiempo? ¿Cuál es? ¿Hay algo que te impida abrirles la puerta?
- ¿Tu casa emocional tiene puentes que la unan a tu casa racional o bien viven aisladas una de otra?
- ¿Cómo es el espacio donde habitan tus emociones? ¿Lo visualizas grande o pequeño? ¿Es acogedor o bien inhóspito?
- ¿Qué clima reina en tu mundo emocional?
- ¿Haces higiene emocional diaria de estos espacios o bien permites que se te acumulen residuos y tóxicos? ¿En qué consiste?
- ¿Compartes con otras personas lo que sientes? ¿Sólo lo agradable? ¿Sólo lo desagradable? ¿Todo tipo de emociones?
- ¿Qué tipo de llave necesita una persona para poder acceder a tu casa emocional? ¿Cuál es tu requisito *sine qua non* para permitirles la entrada?
- ¿Qué crees que puede hacer para mejorar las condiciones de tu casa emocional?

EJERCICIOS PARA PASAR A LA ACCIÓN

Una casa especial

Dibuja esquemáticamente el plano de tu casa emocional. A continuación coloca en cada parte de la casa las emociones que en estos momentos la habitan. Por ejemplo: ¿qué emoción aún no ha entrado pero quieres abrirle la puerta? En este caso escribe su nombre en la puerta de acceso. ¿Hay alguna emoción en una habitación sin ventanas y con la puerta cerrada a cal y a canto? ¿Alguna que esté saliendo por la puerta trasera? ¿Qué emociones colocas en la parte principal de la casa –en el salón-comedor–? ¿Cuáles habitan sólo en los espacios de intimidad? ¿Hay algún porche donde se paseen agradablemente algunas emociones que te placen? ¿Hay alguna parte de la casa donde estén los cubos de basura emocional? ¿Qué emociones hay allí? ¿Llueven emociones encima de esta casa? ¿Es una lluvia nutritiva o una lluvia ácida?

Cuando finalices este plano de tu casa emocional ¿puedes extraer tres conclusiones?

Reformas estructurales en mi casa emocional

Hace ya tiempo que albergas tu «casa emocional» y, como en toda casa, llega el momento de hacer obras para reformar aquello que es necesario reformar, hacer mejoras o eliminar lo que está deteriorado y puede ser un peligro. Lo cierto es que también nuestra «casa de las emociones» debería pasar una especie de ITV o ITCE (Inspección Técnica de la Casa

Emocional) tan a menudo como sea posible. Así que te proponemos que reflexiones acerca de ello y rellenes las casillas que te proponemos con el máximo de exhaustividad. Al finalizar el cuadro te proponemos que saques tus propias conclusiones acerca del resultado y te propongas dos acciones de mejora que te sugieran.

Cómo es mi casa emocional

Lo que hay y me gusta	Lo que hay pero no me gusta
Lo que no hay pero me gustaría que hubiese	Lo que no hay ni me gustaría que hubiera

- ¿A qué emociones te conectas en cada apartado? Dales nombre.
- Conclusiones _____
- Acciones de mejora _____

El escáner emocional

ÁREA EE Visión general del ecosistema emocional

CONCEPTOS EE Ley de la riqueza y diversidad de afectos /
Diccionario emocional / Vocabulario emocional /
Emociones – Sentimientos – Estados de ánimo – Pasiones =
Afectos / Autoconocimiento

ACTITUDES Atención plena / Observación / Proactividad /
Sensibilidad

EMOCIONES Todos los colores afectivos

RELATOS

La música está en mí

Nicolo Paganini (1782-1840) todavía se considera como uno de los más grandes violinistas de todos los tiempos. Un día fue a tocar ante el público en un teatro de ópera totalmente lleno, pero, cuando salió al escenario y recibió una enorme ovación inicial, se dio cuenta de que había algo totalmente equivocado. Comprendió que tenía en sus manos el violín de otra persona. Para un músico como él esto era inaudito y se sintió muy angustiado sin su querido violín. No obstante, comprendió que no tenía otra alternativa que iniciar el concierto y empezó a tocar. Se cuenta que éste fue el mejor concierto de su vida.

Después del concierto, ya en el camerino, Paganini hablando con otro músico compañero suyo hizo la siguiente reflexión: «Hoy he aprendido la lección más importante de toda mi carrera. Hasta hoy creí que la música estaba en el violín; hoy ha aprendido que la música está en mí».

Cajitas de colores

Cuando siento el nudo en el estómago me tumbo en el suelo y abro mis cajitas de colores.

Abro la caja roja y dejo que salten al suelo todas las emociones que guardo allí: ira, enojo, furia, cólera, irritación, frustración, miedo, impotencia, rabia, asco, vergüenza…

Abro mi caja negra y de ella salen, apagadas, la soledad, la tristeza, la desesperanza, el abandono, la pena, la angustia, la pesadumbre…

Abro mi caja verde y me encuentro, florecientes, la esperanza, la fe, la ilusión, la curiosidad, el consuelo, la confianza, la compasión…

Abro la caja amarilla y de ella salen las palabras brillantes como el sol: amistad, amor, ternura, alegría, felicidad…

Abro la caja azul y, sin ruido, se despliegan la humildad, la gratitud, la serenidad, la calma, la paz…

Juego con ellas, dejo que se mezclen, las agrupo, las ordeno, las miro y las remiro. Luego decido con cuáles me quiero quedar.

Hoy he escogido tres palabras: verde-confianza, amarillo-amor y azul-calma. Las demás las he devuelvo a sus cajitas.

Por cierto… El nudo ya no está.[1]

Visión

> *Escáner emocional = ¿Qué siento aquí y ahora?*

> *El escáner emocional es una fotografía emocional centrada en el momento en que se realiza. La idea es detectar qué tres emociones o sentimientos predominan y darles nombre.*
>
> *Las emociones van y vienen, llenan nuestra vida, las respiramos, las palpamos, las sentimos y las vivimos; las valoramos, las apreciamos, las integramos y las dejamos partir; las ignoramos, las escondemos, las desatendemos, no las entendemos, nos peleamos con ellas, nos avergonzamos de ellas. Hay quien las considera una interferencia y pien-*

---

1   JAUME SOLER y MERCÈ CONANGLA. *La vida viene a cuento*. Integral.

sa que viviría mucho mejor sólo con una mente científica y fría. Hay quien permite que asuman el control y, dejadas a su albedrío, actúa de forma poco inteligente. Y no obstante, en el complejo mundo actual no debemos ni podemos prescindir de ellas ya que nos indican si nuestras acciones, dictadas por nuestro instinto o nuestra mente, nos equilibran, nos desequilibran o enriquecen con sus tonalidades nuestros paisajes vitales. Lo cierto es que si nos permitimos sentirlas, si las atendemos, si las traducimos e incorporamos su información a nuestro mapa de realidad, sabremos qué caminos nos convienen y cuáles debemos evitar.[2]

Tal vez en algún momento alguien te ha preguntado qué sentías y te has quedado sin palabras. Tal vez has hallado las palabras pero has sentido que no eran suficientemente precisas para explicar los matices de tus sentimientos. No es suficiente con decir «estoy bien», o «me siento mal» o «estoy fatal»… ¿verdad? Porque no puedes gestionar tus emociones si están mezcladas caóticamente en tu interior.

El poeta Miquel Martí i Pol decía en uno de sus poemas que «lo que está claro en las palabras está claro en la vida». Lo cierto es que a medida que vas poniendo nombre a los habitantes de «tu casa emocional», vas tomando conciencia, ordenando y detectando mensajes importantes que pueden mejorar tu vida.

Imagina que haces un escáner y te salen estas palabras:

- Me siento cansado, triste y preocupado.

---

2   Mercè Conangla y Jaume Soler. *Ecología emocional para el nuevo milenio.* Zenith.

Una vez has que dado nombre a tus emociones puedes continuar gestionándolas «tirando del hilo» y completando la frase. Por ejemplo:

- Siento cansancio por aguantar las quejas de mi compañera.
- Me siento triste al ver que todo continúa igual después de nuestra conversación.
- Me preocupa que esto acabe en crisis.

Así, gracias al escáner puedes pasar de una sensación de «sentirte mal» a saber qué emociones albergas. Y siendo consciente de ellas puedes traducir sus mensajes. Porque el cansancio mental te comunica que estás utilizando mal tu energía emocional; y la tristeza te dice que vives como una pérdida la falta de resultados de tu conversación con tu compañera; y la preocupación te avisa de que prevés un panorama de futuro difícil. Ante toda esta información tú puedes realizar acciones de mejora en cada frente. Y si das la respuesta más adecuada, adaptativa, inteligente y emocionalmente ecológica, estas emociones desagradables se pueden convertir en motivación, alegría y satisfacción.

PALABRAS PARA LA REFLEXIÓN

El lenguaje es un medio imprescindible para conocer los sentimientos ajenos y para comprenderlos. Sospecho que el léxico sentimental forma parte de los propios sentimientos.

JOSÉ ANTONIO MARINA

« *Es muy importante que aquellos que deseen crear una cultura nueva, una sociedad nueva, un nuevo estado de las cosas, se comprendan primero a sí mismos.*

KRISHNAMURTI

« *Pensamos demasiado y sentimos poco. No necesitamos máquinas, sino humanidad. No necesitamos inteligencia, sino amor y ternura. Sin estas virtudes, todo es violencia y todo se pierde...*

El gran dictador, CHARLES CHAPLIN

« *Conocer a los demás es sabiduría, conocerse uno mismo, iluminación.*

LAO TSE

« *Para conocer a una persona no le preguntes qué piensa sino qué ama.*

SAN AGUSTÍN

« *Fácilmente podemos perdonar a un niño temeroso de la oscuridad; la gran tragedia de la vida es cuando los hombres tienen miedo de la luz.*

PLATÓN

« *Cuando contemplo una puesta de sol no digo: suavice un poco el naranja en el lado derecho y ponga un poco más de púrpura a lo largo de la base, use más rosa en el color de la nube. No lo hago. No trato de controlar una puesta de sol. La admiro a medida que pasa.*

CARL ROGERS

> *Tenemos la inconstancia, la indecisión, la incertidumbre, los dolores, la superstición, la inquietud por el futuro e incluso por después de la vida, la ambición, la avaricia, la envidia, los celos, los apetitos desenfrenados locos e indomables, la guerra, la mentira, la deslealtad, el desprecio y la curiosidad. Ciertamente hemos pagado incomprensiblemente caro este precioso raciocinio del que nos sentimos orgullosos y esta capacidad de juzgar y de conocer, si lo hemos adquirido al precio de este número infinito de pasiones de las que constantemente estamos presos.*

PIRRÓN

> *La vida examinada es la única que merece ser vivida.*

SÓCRATES

PREGUNTAS PARA CRECER

- Si tuvieras que elegir tres emociones, ¿cuáles desearías sentir más a menudo?
- ¿Qué podrías hacer concretamente para que estuvieran más presentes en tu vida?
- ¿Qué emociones crees que no es legítimo sentir? ¿Hay alguna concretamente que escondas porque te desagrada especialmente?
- ¿Sientes que en el trascurso de tu educación te han «dado permiso para sentir» o más bien te has sentido coartado? ¿Qué mensajes has recibido al respecto?
- Tus adultos de referencia durante tu infancia ¿qué estilo emocional tenían? ¿Manifestaban la alegría o más bien la tristeza? ¿Controlaban su ira o se desahogaban contigo?

¿Te enseñaban a reconocer las cosas positivas o más bien señalaban las negativas?

- En el momento actual ¿crees que estás repitiendo alguno de estos patrones emocionales?
- ¿Hay alguna emoción concreta con la que tengas una dificultad especial para darle una salida inteligente?
- Mira a tu alrededor. Piensa en las tres personas con las que pasas más tiempo. ¿Qué tres emociones básicas destacarías de ellas?
- ¿Expresas las emociones agradables y positivas? ¿Siembras alegría a tu alrededor? ¿Por qué?
- ¿Te sientes con derecho a sentir lo que sientes? ¿Dirías que reprimes, explotas o autorregulas bien tus emociones? ¿Qué dos acciones concretas podrías hacer para mejorar tu gestión emocional?

EJERCICIOS PARA PASAR A LA ACCIÓN

El escáner emocional: «y ahora... ¿qué siento?»

Este ejercicio puede realizarse en grupo o individualmente. El objetivo es realizar un «diagnóstico emocional» que corresponda al momento en que se aplique. Se cierran los ojos y se presta atención a lo que se siente en el momento en concreto. Se intenta dar nombre a las tres emociones que dominan. Se anota el día, la hora y las tres emociones. Se puede hacer tres veces cada día.

Si el escáner se realiza de forma continuada durante un período largo de tiempo al final de cada mes puede hacerse una AUDITORIA EMOCIONAL haciendo dos columnas con todas las emociones que han surgido: una con las emociones agradables de sentir, otra con las desagradables. En ambas se anota el número de veces que han sido detectadas para valorar su presencia.

Se analizan los resultados y pueden extraerse conclusiones muy interesantes sobre la tendencia emocional y los puntos de mejora sobre los que actuar para reequilibrar la propia vida.

Semáforo emocional

A continuación encontrarás una serie de afectos desagradables de sentir (emociones, sentimientos, estados de ánimo o pasiones) sobre los que te proponemos reflexionar. Se trata de ver si en estos momentos de tu vida están presentes y si te avisan de la necesidad de hacer alguna mejora en algún sentido. El color verde representa que «todo va bien», el color amarillo significa que te está avisando de que debes intervenir para evitar «daños mayores»; el color rojo significa que es urgente que hagas algo al respecto.

Afecto	Semáforo	Me informa de...	Acción de mejora a realizar
Ansiedad			
Celos			
Desánimo			
Envidia			

Afecto	Semáforo	Me informa de...	Acción de mejora a realizar
Ira			
Miedo			
Rabia			
Resentimiento			
Tristeza			
...			
...			
...			

Se pueden ir añadiendo otras emociones y sentimientos, ampliando esta lista.

El eje
pensamiento-emoción-acción

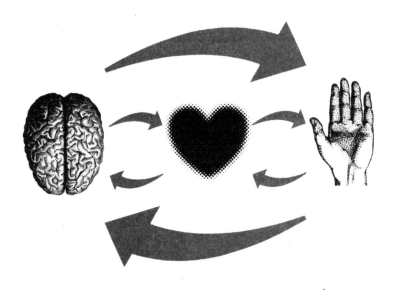

ÁREA EE Visión general del ecosistema emocional

CONCEPTOS EE Ley de la interdependencia afectiva /
Principio de coherencia / Principio de sostenibilidad

ACTITUDES Proactividad / Respeto por uno mismo /
Equilibrio / Responsabilidad

EMOCIONES Paz interior / Serenidad / Tranquilidad

RELATOS

Atado por una creencia

Un día un niño vio como un elefante del circo, después de la función, era amarrado con una cuerda a una pequeña estaca clavada en el suelo. Se asombró de que tan corpulento animal no fuera capaz de liberarse de aquella pequeña estaca y que, además, no hiciera el más mínimo esfuerzo para conseguirlo.

Decidió preguntar al hombre que lo cuidaba y éste le respondió:

—Es muy sencillo. Cuando era pequeño ya lo amarramos a esta estaca. Entonces intentaba liberarse pero aún no tenía fuerza para hacerlo. En determinado momento dejó de intentarlo. Ahora no conoce su fuerza, puesto que no la ha puesto a prueba. Su creencia de que no es posible, hace que ya ni lo pruebe. Por este motivo vive atado a algo que sólo está en su imaginación.

Yo también tomaba azúcar

Se explica la anécdota de que una madre llevó a su hijo de seis años a casa de Mahatma Gandhi y le suplicó:

—Se lo ruego, Mahatma, dígale a mi hijo que no coma más azúcar, es diabético y arriesga su vida haciéndolo. A mí ya no me hace caso y sufro por él.

Gandhi reflexionó y dijo:

—Lo siento, señora. Ahora no puedo hacerlo. Traiga otra vez a su hijo dentro de quince días.

Sorprendida, la mujer le dio las gracias y le prometió que haría lo que le había pedido. Quince días después, volvió con su hijo. Gandhi miró al muchacho a los ojos y le dijo:

—Chico, deja de comer azúcar.

Agradecida, pero a la vez extrañada, la madre preguntó:

—¿Por qué me pidió que lo trajera dos semanas después? Podría haberle dicho lo mismo la primera vez.

Gandhi le respondió:

—Es que hace quince días yo también comía azúcar.

VISIÓN

....

Representa la coherencia, el trabajo de equipo y sinergias entre las diferentes partes que nos componen: pensamientos, emociones y acciones

....

El eje pensamiento-emoción-acción: Cuando nos referimos al «eje» entendemos una línea metafórica que une nuestros pensamientos (razón)-nuestras emociones-y nuestras acciones. Lo cierto es que creer algo es el primer paso para crearlo. Nuestros pensamientos mueven determinadas emociones y éstas inducen conductas. Cuanto mejor alineado esté nuestro eje, cuanto más coincida lo que pensamos con lo que sentimos y hacemos, tanto más equilibrio sentiremos. Este bienestar es el resultado de la coherencia con nosotros mismos y es precisamente esta congruencia interna la que nos da confianza para enfrentar los problemas y retos que la vida nos depara.

Los pescadores de la costa colombiana, gente sencilla y sabia, han inventado la palabra «sentipensante» para definir el «lenguaje que dice la verdad». En la coherencia reside nuestra verdad. ¿Cuántas veces pensamos de una forma, sentimos de otra y acabamos haciendo algo que no se corresponde ni a lo pensado ni a lo sentido? La ignorancia y analfabetismo emocional hace que algunas personas, desconectadas de sus emociones, sólo se guíen por su razón, o que, movidas por sus impulsos emocionales, oscurezcan y anulen su intelecto. El camino del centro, del equilibrio entre razón y emoción trabajando ambas en equipo, es la respuesta más adaptativa y ecológica. Porque lo cierto es que la emoción sin la razón es ciega y la razón sin la emoción, paralítica. Así decía Pessoa: «Organiza tu vida como una obra literaria, dándole la mayor unidad posible». Ambos lenguajes son imprescindibles.

¿Cuánto tiempo de tu vida has dedicado a entrenar tu mente, y a adquirir competencias para razonar, deducir, relacionar, diferenciar, clasificar y argumentar? ¿Has dedicado el mismo nivel de energía a la educación de tus afectos, el conocimiento del lenguaje emocional y su significado? Debes tener bien presente que las emociones son informaciones vitales para orientar adaptativamente tu vida. ¿Dedicas tiempo a su gestión?

¿Eres un sentipensante? Si tus acciones son una respuesta coherente, fruto del trabajo en equipo de tu pensamiento y tus emociones, lo eres. En este caso trasladas a los demás «verdad» y tienes una capacidad enorme de influir en ellos: es el liderazgo basado en la autoridad moral. No obstante, hay momentos en los que te puede ser difícil conciliar pensamiento y emoción y, en lugar de trabajar en equipo, cada ámbito te quiere llevar por rutas diferentes. ¿A quién vas a hacer caso? Igual te ocurre que no haces ni lo que te dice tu pensamiento ni lo que te dicta tu emoción y eliges una acción que al final no contenta a nadie.

Uno de tus retos es alinear bien tu EJE. Si no lo consigues sufres porque te divides por dentro, además no inspirarás confianza ni a ti mismo ni a los demás. Ya ves, pues, que esta metáfora es una de las más poderosas porque, como si de la viga maestra de un edificio se tratara, si está torcida, todo lo que descanse sobre ella también lo estará. Como dijo el doctor Folch en el prólogo de nuestro libro *La ecología emocional,* nuestra sociedad está generando eruditos atormentados e ignorantes culpables, y en estas condiciones de división y dualismo no es posible ser felices. El trabajo en equipo entre mente y emoción es esencial para lograrlo.

PALABRAS PARA LA REFLEXIÓN

Estamos tan mutilados, tan descuartizados, que por un lado van las ideas, por el otro los actos, por el otro los sentimientos y por el otro los recuerdos, como caminos que nunca se cruzarán. Y cuando uno conoce una persona en la que estos caminos se cruzan de verdad, se cruzan y confluyen, esto resulta como un milagro bíblico.

EDUARDO GALEANO

La felicidad, en definitiva, es coherencia.

JAUME SOLER

El corazón en paz es una fiesta en todas las aldeas.

Proverbio hindú

≪ *El que quiere hacer algo encuentra un medio, el que no, encuentra una excusa.*

Refrán popular

≪ *La gente no quiere verdades, quiere creencias.*

KRISHNAMURTI

≪ *Ser dignos de la felicidad no es tener derecho a ella ni ser capaces en modo alguno de conquistarla, sino intentar borrar o disolver lo que en nuestro yo es obstáculo para la felicidad, lo que resulta radicalmente incompatible con ella. Schopenhauer y los budistas supusieron que es el yo mismo lo que nos hace indignos de la felicidad.*

FERNANDO SAVATER

≪ *La fuerza del héroe es el cumplimiento de lo que nos prometemos con la virtud.*

FERNANDO SAVATER

≪ *La felicidad es hacerse plenamente lo que se es y luchar para conseguirlo. No me interesa la felicidad. Me interesa la vida. Prefiero una vida infeliz pero intensa a la felicidad idiota que quiere imponer el poder.*

J. L. SAMPEDRO

≪ *Escribo distinto de como hablo, hablo distinto de como pienso y así sucesivamente hasta la oscuridad más profunda.*

FRANK KAFKA

≪ *Decir lo que sentimos. Sentir lo que decimos. Concordar las palabras con la vida.*

SÉNECA

>> *Deberíamos preguntarnos quién es mejor sabio y no quién es más sabio. Nos esforzamos en llenar la memoria y dejamos vacío el entendimiento y la conciencia.*

MONTAIGNE

>> *Es muy importante que hagáis lo que de verdad os importe... Sólo así podréis bendecir la vida cuando la muerte esté cerca.*

ELISABETH KÜBLER-ROSS

>> *El antepasado de todo acto es un pensamiento.*

RALPH WALDO EMERSON

>> *La relación esencial entre las emociones y la mente es de complementariedad, y cuando se desconectan de su condición de socias se embarcan en una batalla sin solución en la que todos perdemos.*

NORBERTO LEVY

>> *La mejor época para plantar un árbol fue veinte años atrás. La segunda mejor época es ahora.*

Proverbio chino

PREGUNTAS PARA CRECER

- Cuando tus pensamientos de dicen «No podrás lograrlo», ¿qué emociones sientes?
- ¿Quién lleva el control más a menudo en tu vida, tu razón o tu emoción?
- ¿Recuerdas la última vez que tomaste una decisión poniendo a ambos de acuerdo? ¿Cómo te sentiste?

- Cuando haces algo que no sientes para contentar a otros, ¿cómo te sientes contigo mismo? ¿qué te dices en tu diálogo interior?
- ¿Puedes pensar en alguna persona que te haya influido positivamente? ¿Qué tres características destacarías de ella?
- ¿Qué haces para cambiar un pensamiento que va en contra de ti mismo? ¿Tienes alguna estrategia para positivizarlo?
- ¿Quién manda en tu vida?
- ¿Puedes pensar en tres mensajes positivos que te digas a menudo?
- ¿Cómo te sientes cuando te los das?
- ¿Quieres convertirte en un sentipensante? ¿Qué tres cosas concretas puedes hacer para conseguir serlo? ¿Hay algún precio que es posible que debas pagar?

EJERCICIOS PARA PASAR A LA ACCIÓN

Una bebida aromática

Imagina que tu vida es una bebida aromática compuesta por tres ingredientes: Pensamiento, Emoción y Acción. Responde a lo siguiente:

- ¿Qué porcentaje de cada uno de ellos te constituye?
- ¿Cuál sería el nombre que darías a esta bebida aromática que eres tú?
- ¿De qué color sería?
- ¿Cuál sería su sabor?
- ¿Y su aroma?
- ¿Lleva conservantes y colorantes?, ¿de qué tipo?

- ◆ ¿En qué tipo de envase se presentaría?
- ◆ ¿Cómo sería y qué pondría en la etiqueta de la botella?

- Reflexiona: ¿qué tiene que ver lo que has imaginado y escrito contigo mismo?

Pensamientos mueven emociones

Coloca al lado de cada pensamiento la(s) emoción(es) que crees que sentirías si tu mente lo fuera repitiendo:

Pensamiento	Emociones
1. No sirvo para nada	
2. Es demasiado difícil para mí	
3. Nadie me quiere	
4. Ya hallaré la forma de hacerlo	
5. Soy una persona con muchos recursos	

- Analiza en cada caso a qué conducta te pueden llevar pensamiento y emociones si no haces algo para gestionarlas adaptativamente. (Por ejemplo: el pensamiento «Es imposible» puede mover la emoción de «Impotencia» y como conducta «la Pasividad»).

Taburete de tres patas

ÁREA EE Visión general del ecosistema emocional

CONCEPTOS EE Ecosistema / Intersomos /
Conciencia de impacto global / Ley de la diversidad
y riqueza de afectos / Ley de la interdependencia afectiva

ACTITUDES Esfuerzo / Generosidad / Colaboración /
Participación / Solidaridad / Voluntad / Justicia social

EMOCIONES Alegría / Amor / Compasión / Esperanza

Relatos

Cada acción es importante

Se cuenta que había una vez un escritor que vivía en una playa tranquila cerca de un pueblo de pescadores. Todas las mañanas andaba por la orilla del mar para inspirarse y por las tardes se quedaba en casa escribiendo.

Un día caminando por la playa vio a un joven que se dedicaba a recoger las estrellas de mar que estaban en la playa y, una por una, las iba devolviendo al océano.

—¿Por qué haces esto? –preguntó el escritor.

—¿No se da cuenta? –dijo el joven–. La mar está baja y el sol brilla. Las estrellas se secarán y morirán si las dejo en la arena.

—Joven, hay miles de kilómetros de costa en este mundo, y centenares de miles de estrellas de mar repartidas por las playas. ¿Piensas acaso que vas a conseguir algo? Tú sólo retornas unas cuantas estrellas al océano. Sea como sea, la mayoría morirán.

El joven cogió otra estrella de la arena, la lanzó de retorno al mar, miró al escritor y le dijo:

—Por lo menos, habrá valido la pena para esta estrella.

Aquella noche el escritor no durmió ni consiguió escribir nada. A primera hora de la mañana se dirigió a la playa, se reunió con el joven y los dos juntos empezaron a devolver estrellas de mar al océano.

El hilo de plata de la araña

Dicen que Buda paseaba por los cielos a la orilla del lago de la Flor de Loto. En las profundidades del lago, Buda podía ver el Naraka o infierno. Mirando por allí se dio cuenta de que un hombre llamado Kantaka que había muerto hacía unos días, luchaba y sufría en aquel infierno. Buda, lleno de compasión, quiso ayudarlo, ya que siempre ayudaba a quienes hubiesen hecho, al menos una vez en su vida, una buena acción. Kantaka, a pesar de ser ladrón, una vez había actuado generosamente al dejar vivir conscientemente a una araña que estaba a punto de pisar. Buda vio en esta acción generosa un espíritu bueno y, para ayudarlo, lanzó a las profundidades del Naraka un hilo de araña largo que llegó hasta donde estaba él.

Kantaka se dio cuenta de que el hilo era como una cuerda de plata muy fuerte y, como deseaba salir del infierno, se aferró al hilo, a pesar de ser consciente de que la escalada era muy peligrosa porque el hilo podía romperse por su peso. Así que empezó a subir y subir, ayudado por manos y pies.

La escalera era larga. Cuando llegó a la mitad miró hacia abajo y se dio cuenta de que una multitud de gente subía por el hilo detrás de él buscando también su liberación. El pánico se apoderó de Kantaka:

—Esta cuerda no aguantará tanto peso y por culpa de todos ellos acabaremos todos en el infierno –dijo. Y continuó pensando: «Sería mejor que todos cayeran de nuevo en el infierno y me pudiera así liberar de su peso. ¿Por qué me han tenido que seguir?».

En aquel momento preciso el hilo cedió exactamente a nivel de las manos de Kantaka, y todos cayeron nuevamente en las profundidades tenebrosas del lago.

Buda miró entristecido hacia abajo. Y es que nadie puede salvarse solo, prescindiendo de la salvación de los demás.

VISIÓN

••

La metáfora del equilibrio personal
y la sostenibilidad emocional

••

Un taburete de tres patas no se sostiene si las tres patas no están al mismo nivel, tienen la misma altura y las une un eje trasversal que les da la estructura necesaria. Cuando las tres patas están equilibradas, uno puede sentarse en el taburete cómodamente y en equilibrio.

La ecología emocional utiliza esta metáfora para referirse a cómo invertimos nuestra energía emocional. Una pata se refiere al yo. La otra hacer referencia a los demás; la tercera representa el mundo. Si queremos gozar de una vida equilibrada debemos tener bien presente las tres patas del taburete e invertir nuestra energía en los tres niveles a la vez:

- *YO: en nuestra mejora personal.*
- *LOS DEMÁS: mejorando la calidad y el cuidado de nuestras relaciones personales.*
- *EL MUNDO: construyendo un proyecto de vida creativo y con sentido orientado al cuidado de nuestro medio natural y humano.*

Como decía Saramago: Nunca una generación ha tenido tanta responsabilidad sobre ella misma y su futuro como la generación actual. Lo cierto es que cuando aumenta tu nivel de consciencia también se incrementa tu nivel de responsabilidad. Porque este mundo que tenemos y del que a veces te lamentas, no es el resultado tan sólo del daño y el dolor que infligen algunos pocos, sino, sobre todo, una consecuencia de todas aquellas personas que «se dan cuenta» y no actúan para mejorarlo ¿Dónde te posicionas tú?

Recuerda una obviedad: no estás solo. Eres el resultado de una construcción en la que, si bien ahora eres el máximo responsable, muchas personas han colaborado y participado. No te puedes salvar solo, ni tú ni ninguno de nosotros. Así pues, dado que formamos parte de un ecosistema en el que todo está entrelazado, no puedes mantenerte al margen sin colaborar con el caos, el desequilibrio y el sufrimiento.

Seguramente deseas mayores niveles de bienestar emocional. Esta metáfora del taburete de tres patas te da una pista importante. Es clave que inviertas al mismo tiempo en ayudar a crecer a cada una de estas áreas. Si sólo te centras en ti mismo, crecerás tú, pero aislado del resto de la humanidad, crecerás mal. Es una estrategia egoísta. Tampoco es inteligente que dediques tanta energía a los demás que olvides que eres una persona con deseos, necesidades, ilusiones y proyectos para desplegar. Recuerda que no puedes dar aquello que no tengas y si te descuidas a ti mismo tampoco podrás cuidar bien de los demás. Finalmente, el mundo, donde habitan otros seres que a veces descuidamos: naturaleza, animales, plantas… que necesitan cuidado y protección ¿qué estás aportando concretamente para cuidar de tu Tierra y de los demás seres que la habitan? ¿Eres parte del problema o participas en la solución?

Sólo a través del equilibrio personal puedes colaborar en el equilibrio global de tu ecosistema porque lo que tienes dentro lo proyectas fuera. Si quieres un mayor nivel de bienestar emocional en tu vida debes invertir en las «tres patas del taburete» a la vez. Así tu vida será emocionalmente sostenible y más plena.

PALABRAS PARA LA REFLEXIÓN

❮❮ *A la postre, el ser humano no es otra cosa que la chispa de una gran hoguera. La gran hoguera del nuevo siglo espero que sea la solidaridad y no la barrera de lo individual; la bandera de la generosidad en lugar de la bandera de la agresividad.*

J. L. SAMPEDRO

❮❮ *A algunos hombres los disfraces no los disfrazan, los revelan. Cada uno se disfraza de aquello que es por dentro.*

CHESTERTON

❮❮ *Cuentan que san Juan de la Cruz le dijo a santa Teresa: «Seamos tú y yo buenos y habrá dos pillos menos».*

❮❮ *El desgraciado, en definitiva, es aquel que de una manera u otra tiene fuera de sí mismo lo que él estima que es su ideal, el contenido de su vida, la plenitud de su conciencia y su verdadera esencia. El desgraciado está siempre ausente de sí mismo, nunca íntimamente presente.*

SÖREN KIERKEGAARD.

≪ *Cuando pensamos, estamos ejerciendo influencia continuada. Nuestros pensamientos influyen en el mundo.*

LYNNE MACTAGGART

≪ *La sabiduría sólo evita la locura mezclándose con la locura de la poesía y del amor.*

EDGAR MORIN

≪ *Dormía y soñé que la vida era gozo. Desperté y vi que la vida era servicio. Serví y me di cuenta de que el servicio era gozo.*

RABINDRANATH TAGORE

≪ *La calidad de vida que todos deseamos no puede darse en ausencia de la calidad de conciencia.*

SOLER & CONANGLA

≪ *La vida se encoge o se expande en proporción al valor que uno tenga.*

ANAÏS NIN

≪ *Existen sólo dos razas: la raza de los hombres honestos y la raza de los hombres viles. Justamente por eso, porque sabemos que los honestos están en minoría, todos estamos convocados a engrosar estas filas.*

VÍCTOR FRANKL

PREGUNTAS PARA CRECER

- ¿Cómo es tu mundo?
- ¿Cuál es la emoción que sientes más a menudo? ¿Qué impacto causa en ti mismo? ¿Y en los demás? ¿Y en el mundo?
- ¿Cómo es la relación contigo mismo/a? ¿Te cuidas? ¿Te quieres? ¿Qué es lo que más valoras de ti mismo/a?
- ¿Cómo son tus relaciones con los demás? ¿Qué te aportan? ¿Qué les aportas?
- ¿Qué aspectos del mundo no te gustan? ¿Hay alguno que coincida con lo que no te gusta de ti?
- ¿Crees que el mundo es mejor porque tú estás en él? ¿Por qué?
- ¿Está equilibrado tu taburete de tres patas?
- ¿En tu vida eliges crear o destruir?
- ¿Cómo estás influyendo en tu entorno?
- ¿Qué acciones puedes hacer concretamente para mejorar la relación contigo mismo, con los demás y con el mundo?

EJERCICIOS PARA PASAR A LA ACCIÓN

Tres contratos

Se trata de que redactes tres contratos.
- Uno es *el que tú sientes que tienes contigo mismo*. En él debe figurar claramente lo que tú estás dispuesto a darte y a invertir en ti mismo y también lo que esperas conseguir a cambio.
- El segundo es el *contrato que tú sientes que tienes con las personas que te rodean*. Debes dejar bien claro

aquello que tú esperas de ellas y también lo que estás dispuesto a darles.

- El tercero es *el contrato que tú sientes que tienes con la vida*. En él debe figurar lo que esperas de la vida y lo que estás dispuesto a aportar.

Reflexión posterior:
- ¿Sientes que los contratos son justos en estos momentos de tu vida?
- ¿Qué podrías hacer para mejorarlos?
- ¿Qué aspectos dependen de ti y cuáles no?

Lo que va bien, lo que va mal

Haz una lista tan exhaustiva como puedas sobre lo que va bien de tu relación contigo mismo, con los demás y con el mundo y también lo que va mal.

A continuación observa si hay un equilibrio o un desequilibrio en los tres niveles. ¿Qué piensas que puedes hacer para reducir la lista de lo que va mal en cada área? ¿Puedes fijarte un objetivo de mejora en cada una de ellas?

	Yo conmigo mismo	Yo con los demás	Yo con el mundo
Lo que va bien			
Lo que no va bien y puedo mejorar			

EL MAPA DEL TESORO

▶ Laberinto

▶ Iceberg

▶ Desierto

▶ Pez koi

▶ Mapas y dragones

El mapa del tesoro

Como todo aventurero o explorador de la vida que se precie, seguramente vas a la búsqueda de lo más valioso que ésta te pueda deparar: el tesoro escondido que todos deseamos encontrar. Cuando lo descubra –te dices– me sentiré feliz. Así es que te pones en marcha, con tu equipaje de intangibles a cuestas, listo para el importante viaje de la vida. Recuerda que no hay un único camino y que, como decía Antonio Machado: «Caminante, no hay camino, se hace camino al andar». Disfruta del proceso y no te pierdas los interesantes paisajes con que te obsequia la vida. Es tan importante el proceso como el destino. Porque no será el éxito, la fama o las posesiones lo más valioso que vas a encontrar, sino la persona en la que te vas convirtiendo al hacer camino, tu crecimiento personal, los vínculos que vas a establecer con tus compañeros de viaje. Éste será tu más valioso tesoro: una vida armónica y con sentido.

Laberinto

En esta metáfora te proponemos que abras los sentidos, la mente y el corazón, y te enfrentes al *laberinto* que la vida te depara en este momento. El laberinto es una potente y gran metáfora de la vida. Caminos abiertos y cerrados que no siempre llevan al lugar donde deseamos ir. No siempre es un recorrido fácil. El objetivo es que perseveres en la búsqueda de tu centro. Allí está el tesoro que buscas, esta armonía, esta sensación de que todo se halla en su lugar. Estate preparado no obstante, puesto que la vida te va a diseñar un nuevo laberinto y volverás a quedar descentrado. Así volverás a iniciar una nueva etapa de tu viaje.

Iceberg

Como en un *iceberg,* tal vez sólo veas una pequeña parte de la realidad total. No creas que lo que ves es todo lo que hay. ¡Craso error sería! pues la creencia a veces nos ciega y nos impide ver con el corazón. De todo ello trataremos en esta metáfora. ¿Por qué nos dejamos llevar por lo superficial que aflora y nos perdemos lo esencial que nos sostiene? Aprender a ver más allá de lo evidente, aquello que nos constituye y conforma, es parte de nuestro camino de crecimiento personal.

Desierto

En el viaje de la vida cruzarás por muchos paisajes emocionales diferentes. Algunos serán muy bellos y otros menos gratos. Esta metáfora nos recuerda la importancia de vivirlos todos, de aprender lo que cada uno de ellos nos puede enseñar y gestionar las emociones, por desagradables que sean de la forma más adaptativa e inteligente posible. Nadie vive toda una vida sin conocer el paisaje del *desierto emocional.* Pero con esta metáfora recordarás que incluso en el más árido desierto es posible hallar indicios de vida y esperanza.

Pez koi

Como el *pez koi* a veces dejarás de crecer limitado por «peceras demasiado pequeñas». Afortunadamente tú no eres un pez que dependa de que alguien lo cambie de recipiente, ¿verdad? ¿Cuáles son tus hábitats? ¿Qué margen de maniobra tienes en ellos? ¿Sus condiciones favorecen o dificultan tu crecimiento personal?

Mapas y dragones

Cuando un explorador viaja por zonas desconocidas, va más confiado cuando dispone de un buen *mapa* o un buen GPS que le guíen en su camino. Es esencial, no obstante, que uno sepa hacia adónde quiere ir. ¿Cuál es tu propósito en este momento? ¿Caminas en su dirección o te has detenido porque en tu ruta se ha cruzado algún *dragón?* Esta metáfora te propone que identifiques tus dragones, les des nombre y te enfrentes a ellos. ¡Amplía tu mundo! recuerda que eres un explorador.

Laberinto

ÁREA EE Espacios y territorios

CONCEPTOS Aventura / Exploración / Búsqueda
del propio centro / Reto / Equilibrio / Decisiones

ACTITUDES Proactividad / Pasividad / Huida / Audacia

EMOCIONES Desconcierto / Miedo / Indecisión /
Incertidumbre / Valentía

Relatos

El laberinto más formidable

En tiempos remotos vivía en China un rey llamado Yang.
Este rey, harto de los placeres de la vida mundana, descubrió la melancolía y el aburrimiento. Entonces convocó a su
ministro, el arquitecto Lao, y se quejó de su malestar y del
sufrimiento del hastío. Yang le ordenó:

—¡Constrúyeme el más formidable laberinto jamás imaginado! En siete años quiero verlo edificado en este llano
ante mí, y luego marcharé a conquistarlo. Si descubro el
centro serás decapitado. Si me pierdo en él reinarás sobre
mi imperio.

Sin embargo, el arquitecto reemprendió el curso de sus
actividades habituales y pareció olvidarse del encargo. El
último día del séptimo año, el emperador Yang llamó al
arquitecto y le preguntó dónde estaba aquel laberinto, el
más formidable nunca soñado. Entonces, Lao le tendió un
libro diciendo:

—Helo aquí, es la historia de tu vida. Cuando hayas encontrado el centro, podrás descargar tu sable sobre mi cuello.

Así fue como Lao conquistó el imperio de Yang, pero
evidentemente rehusó el cetro y el poder puesto que poseía
algo más preciado: sabiduría.

La prueba del laberinto

Un laberinto es muchas veces la defensa mágica de un centro, de un tesoro, de un significado. Penetrar en él puede

ser un rito iniciático, como en el mito de Teseo. Este simbolismo es el modelo de toda existencia que, a través de numerosas pruebas, avanza hacia su propio centro, hacia sí misma. Muchas veces tuve conciencia de salir del laberinto, de haber encontrado el hilo. Cuando me sentí desesperado, oprimido, extraviado, es cierto que dije: «Estoy perdido en el laberinto» pero, al final, siempre tuve la sensación de salir victorioso.

Todos hemos conocido esta experiencia, pero he de añadir que la vida no está hecha de un solo laberinto. La prueba se renueva. Muchas veces he tenido la certidumbre de haber alcanzado el centro y, al hacerlo, me he reconocido. Pero luego me he perdido otra vez. Tal es nuestra condición: no somos ni ángeles ni héroes puros. Una vez que se llega al centro, se adquiere riqueza, se dilata la conciencia y se hace más profunda, todo se vuelve claro, significativo. Pero la vida continúa: otro laberinto, nuevos encuentros, otros tipos de pruebas...

MIERCEA ELIADE
La prueba del laberinto

VISIÓN

....
La metáfora del laberinto representa la eterna búsqueda
de nuestro centro y del sentido de nuestra vida
....

Vida, sorpresa, misterio y belleza, mucha belleza...
Aquí nos hallamos todos, pequeños humanos poblando
un pequeño planeta perdido en un espacio inmenso. Hu-
manos viviendo, con más o menos conciencia de estar

vivos, el milagro de la vida y de la belleza de nuestro mundo.[1] Somos exploradores y aventureros en esta vida que tenemos el privilegio de vivir. Es nuestro viaje, y las emociones y sentimientos son nuestros paisajes del alma. Vivir, viajar, explorar y desprenderse son verbos, y el verbo es acción. Una vida sólo pensada no sirve de nada. Si no es compartida, y si las ideas no se plasman en experiencias reales, es vida no vivida. Es urgente pasar de los sustantivos a los verbos. Es preciso vivir en activo como protagonistas y no como espectadores.

La vida no está hecha de un solo laberinto.[2] La prueba se renueva. A veces nos parece haber llegado al centro y en este momento «nos reconocemos a nosotros mismos». Pero pronto volvemos a perder nuestro centro y retomamos el camino del nuevo laberinto que la vida ha diseñado para nosotros.

Sin plano alguno en este momento, te hallas en algún punto de tu laberinto, eterno explorador de tu mundo interior y exterior. Has nacido y te han impulsado al gran viaje de la vida sin manual de instrucciones ni brújula. Continuamente buscando. Eres un explorador a la búsqueda del centro de tu vida, ansiando hallar el sentido del conjunto porque estás convencido de que, de lograrlo, hallarás felicidad, alegría, bienestar, equilibrio y serenidad. Y si alguna vez lo has logrado, habrás comprobado que este sensacional estado no dura demasiado. Una vez conquistado el centro, la vida te rediseña un nuevo laberinto u otras pruebas y retos te espe-

---

1 Jaume Soler y Mercè Conangla. *Ecología emocional.* RBA Bolsillo.
2 Parafraseando a Mircea Elliade.

ran. Ésta es la esencia de la humanidad. La aventura continúa hasta que morimos.

El laberinto simboliza nuestro espacio interior y cómo nos enfrentamos a él. Hay quien se harta de tanto laberinto y se queda sentado esperando a ver si pasa alguien y le da el plano de cómo llegar a su centro. Otras personas se enfurecen cuando se equivocan de camino y golpean las paredes, gritan, derrochan inútilmente su energía como si esta estrategia fuera a mejorar el camino, a abrir un túnel que acelerara su llegada al centro o echando la culpa a las paredes de su difícil andar. Otros viven con ansia buscando el «hilo de Ariadna» que los guíe fuera del laberinto porque temen enfrentarse a su Minotauro. No obstante, en el centro del laberinto puedes hallar tu mejor tesoro: tú mismo.

Seguramente alguna vez has llegado a un pasadizo ciego y no has podido continuar avanzando. Entonces te has visto obligado a salir por el mismo camino por donde habías entrado y a optar por otra ruta. Tal vez en alguna ocasión, empeñado en tener más razón tú que la vida, has ido dándote de golpes contra el muro que te impedía el paso, enfadado y clamando que había algo equivocado en tu laberinto vital. ¿Cómo lo vives? Recuerda que no puedes huir de ti mismo ni de la vida. Si perseveras paciente en tu camino hacia el centro vas a evolucionar y a aprender.

En este recorrido que haces en solitario no estas solo. Puedes aprender a mirar las señales sutiles que han dejado muchas personas sabias que han transitado por la vida antes que tú. Estos signos son invisibles para los ojos físicos, pero los podrás percibir si abres tu mente, tu corazón y tu alma.

Palabras para la reflexión

« ¿Por qué obstruimos el camino que conduce a los tesoros que poseemos? ¿Qué fuerza nos da tanto miedo ante la inacción? Es la puerta, sólo la puerta, que es pesada y difícil de empujar. Es extraño que la naturaleza posea a la vez la posibilidad de despertar y el miedo de entregarse a ella.

OLIVIER GERMAIN-THOMAS

« Cuando en la vida he hallado hacia adonde ir, no es porque lo haya visto claro sino porque me he arriesgado a explorar.

JAUME SOLER

« Es absolutamente necesario que todo hombre tenga un lugar a donde ir, pues llega un momento en que siente la necesidad absoluta de ir a alguna parte.

FEDOR DOSTOIEVSKY

« La vida es un viaje experimental realizado involuntariamente. Es un viaje del espíritu a través de la materia, y como es el espíritu quien viaja es en él donde se vive. Hay, no obstante, almas contemplativas que han vivido más intensamente, más extensamente y tumultuosamente que otras que han vivido externamente. El resultado lo es todo. Aquello que se ha sentido, ha sido lo que se ha vivido.

FERNANDO PESSOA

« No se puede encontrar la paz evitando la vida.

VIRGINIA WOOLF

❰❰ *No cesaremos en la exploración, y el final de toda nuestra exploración será la llegada al punto de partida y el conocimiento del lugar por primera vez.*

T. S. Elliot

❰❰ *Es mejor viajar lleno de esperanzas que llegar. La felicidad está en la salida, no en la meta.*

Adagio japonés

❰❰ *Vivir es dar la respuesta adecuada a los retos que la existencia nos plantea.*

Víctor Frankl

❰❰ *Vivir no es sólo perder. Vivir es viajar. Dejas unas cosas y encuentras otras. «La vida es maravillosa si no se le tiene miedo».*

Rosa Montero

❰❰ *Unas personas dedican su vida a perseguir algo que no quieren. Otras la utilizan en la búsqueda de lo que quieren pero que no les sirve; algunas, se pierden.*

Fernando Pessoa

Preguntas para crecer

- ¿Cómo es tu laberinto vital actual?
- ¿Entre qué caminos te ves impulsado a elegir?
- ¿Has sentido en algún momento que has hallado el centro de tu laberinto?
- ¿Cuántos laberintos diferentes ha diseñado la vida para ti hasta este momento?

- ¿Qué estrategia utilizas cuando sientes que «te hallas contra la pared»?
- ¿Qué has aprendido de otras personas que te sirve de orientación en el laberinto?
- ¿Cuál es tu Minotauro?
- ¿Te has sentido alguna vez perdido?
- ¿Qué emociones has sentido?
- ¿Qué te has dicho a ti mismo?
- ¿Cómo has actuado? ¿Con qué resultados?

EJERCICIOS PARA PASAR A LA ACCIÓN

Un GPS emocional como guía

Imagínate que tu vida es un laberinto en el que debes llegar al centro. Cuando lo consigas te hallarás en paz contigo mismo, sereno y sentirás plenitud y felicidad.

¿Dónde sientes que te hallas en este momento? ¿Muy cerca o muy lejos del centro?

Imagínate que existe un GPS emocional que puede facilitar tu viaje hacia tu centro.

- ¿Qué mensajes de orientación crees que te daría sobre tus relaciones con tu familia, tu pareja, tus hijos, tu trabajo y tus amigos…?
- ¿Qué peligros te indicaría? ¿Alguna vía cortada? ¿Alguna ruta poco adecuada?
- ¿Hay alguna ruta que tu GPS emocional debería recalcular porque te has despistado y no has seguido el mejor camino? ¿En qué áreas de tu vida crees que sería necesario «reprogramar»?

- ¿Crees que has definido bien el objetivo hacia el que quieres que tu GPS emocional te acerque? Si tuvieras que darle la dirección correcta en seis palabras ¿qué instrucción introducirías en tu GPS emocional?

- Instrucción para llegar al centro del laberinto (seis palabras)

_____

- ¿Puedes sacar algunas conclusiones de este ejercicio?

Perdido en el laberinto

Imagina que te has perdido en tu laberinto vital. Tal vez te haya sucedido alguna vez. No acabas de saber hacia dónde te diriges. Te encuentras en alguna encrucijada y no sabes qué camino elegir. ¿Te es familiar esta situación? ¿Qué emociones sientes? ¿Qué piensas? ¿Qué puedes hacer? De pronto, encuentras un libro antiguo donde personas sabias que han recorrido el laberinto de su vida y llegado al centro, te dan algunas pistas y orientaciones sobre las mejores rutas que pueden llevarte a tu destino.

Escribe a continuación los tres mensajes clave que hay allí escritos sobre qué hacer para no estar tan perdido en la vida.

1.
2.
3.

- ¿Qué personajes sabios o personas, conocidas o no, han hecho estas recomendaciones?
- ¿Cómo puedes aplicar estos conocimientos en tu vida?

Iceberg

ÁREA EE Espacios y territorios

CONCEPTOS EE Autoconocimiento / Misterio / Principio de responsabilidad / Principio de conservación / Ley de la diversidad / Gestión de los intangibles

ACTITUDES Voluntad / Perseverancia / Apreciación de la belleza / Perdón / Autocuidado / Aceptación / Esfuerzo

EMOCIONES Autoestima / Valentía / Amor

Relatos

Lo esencial

El zorro y el Principito están dialogando:

—El secreto es muy sencillo –dijo el zorro–. Sólo vemos bien con el corazón. Lo esencial es invisible a los ojos. Es el tiempo que has invertido en tu rosa lo que la ha hecho tan importante. Los hombres ya hace tiempo que han olvidado esta verdad, pero tú no la olvides. Uno debe hacerse responsable para siempre de lo que ha domesticado. Tú eres responsable de tu rosa.

«Es cierto –pensó el Principito–, mi flor es más importante que las demás porque es la que yo he regado, la que he colocado debajo de una campana, la que he protegido del viento. Porque es aquella a la que le he matado las orugas, la misma que yo he oído quejarse o envanecerse e, incluso a veces, callar».

—Puesto que es mi rosa y yo soy responsable de mi rosa… –repitió el Principito a fin de acordarse de ello.

Antoine de Saint-Exupery

Estupidez sin límites

Se cuenta que un joven hizo una pregunta a Schopenhauer y que éste respondió sin más:

—No lo sé.

—Vaya –dijo el joven–, yo pensaba que, siendo un gran sabio, sus conocimientos eran ilimitados.

Parece ser que la respuesta del filósofo fue:

—No. El saber es limitado. ¡Sólo la estupidez carece de límite!

Visión

Lo esencial es invisible a nuestros ojos:
nuestra base es lo que nos mantiene a flote o nos hunde

El iceberg es un témpano de hielo que muestra sólo una parte al exterior. Lo que se ve en la superficie tan sólo es un octavo de su dimensión. Sea como fuere, la flotación depende de la base que está oculta. Si la base es deficiente o se resquebraja, el iceberg se hunde.

De forma similar ocurre con las personas. Cuando conoces a alguien sólo ves una pequeña parte de esta persona: aquella que ella desea mostrar o sus rasgos superficiales. Lo más importante es invisible a tus ojos y está formado por sus «intangibles»: sus pensamientos, sentimientos, experiencias, sueños, ilusiones, recursos emocionales, recuerdos, expectativas, cualidades.

Igual puede aplicarse al conocimiento que tú tienes de ti mismo. ¿Qué sabes de lo que hay debajo de tu superficie, debajo de lo evidente? Debes sumergirte en el agua helada si quieres visualizar y conocer la base de tu iceberg. Es muy importante que lo hagas: es ella la que te mantendrá a flote o te hundirá.

Está claro que no es cómodo sumergirse en agua helada. El conocimiento de uno mismo no siempre da placer ni mejora de entrada tu vida. La inconsciencia produce inicialmente menos dolor que la conciencia. Lo cierto es que si eres consciente de que debes cambiar algo en tu vida y no lo haces, aumenta el nivel de conflicto en tu interior y, entonces, sufres. Ahora bien, si perseveras en el camino de mejora, si trabajas para ir alineando tu eje pensamiento-emoción-acción, si te conectas a valores humanos que te lleven por mejor camino, si te desprendes de los pesos que te bloquean, si extraes aprendizajes adaptativos de lo que has vivido... entonces, tu base será fuerte y sentirás mayor bienestar y equilibrio.

Las emociones, como los demás intangibles, pueden ayudarte a crecer o limitar tu desarrollo personal. Depende de cómo las gestiones. De nada te sirven si las ignoras o si permites que aquello de lo que no eres consciente tome el control de tu vida.

En la base de tu iceberg puede haber algunas grietas o heridas. Desde que naces, por el simple hecho de estar vivo, hay situaciones o personas que te pueden dañar. Tal vez mantengas aún abiertas algunas de estas heridas. Tal vez aún sigan sangrando. Es preciso que las detectes porque pueden condicionar el resto de la estructura que te sostiene. Es algo parecido a un edificio con aluminosis: si no se refuerza puede caerse. Tomar conciencia de ello te va a permitir reparar los daños, perdonar o pedir perdón, reforzar aquello que necesita apoyo... Eres responsable de que tu *iceberg* se mantenga a flote y de que embellezca con su maravilloso y único color los mares de la vida.

La metáfora del iceberg también puede servirte para darte cuenta de que sólo vemos una pequeña parte de los demás y que por lo tanto es injusto juzgarlos sólo por lo aparente o visible. Como decía el Principito: lo esencial es invisible a nuestros ojos. Debemos aprender a mirar más allá de lo evidente, profundizar y sentir con el corazón.

Palabras para la reflexión

«El viaje más largo es el viaje al interior de uno mismo.

HAMMARSKJOLD

«Nunca se acaba de saber del todo cómo es uno mismo, entre otras cosas por el hecho de que un ser humano siempre se está haciendo, no termina nunca de hacerse del todo.

J. L. SAMPEDRO

«Nadie es alguien hasta que se muestra.

CARME SENSERRICH

«Un mundo sin sentimientos ni memoria, un mundo sin desatinos ni sueños puede que fuera menos perturbador que el nuestro, pero ¿de verdad merecería la pena vivir en él?

GUSTAVO MARTÍN GARZO

«Sé lo que eres, pero sé al máximo.

JEAN GIONO

«Conquisté, palmo a palmo, el terreno interior que nació mío. Reclamé, espacio a pequeño espacio, el pantano en que me quedé mudo. Parí mi ser infinito, pero me extraje con gran esfuerzo de mí mismo.

FERNANDO PESSOA

«¡Soy del tamaño de lo que veo!». Cada vez que pienso en esta frase con toda la atención de mis nervios, me parece más y más destinada a reconstruir consteladamente el universo. Qué gran poder mental va desde el pozo de las emociones profundas *hasta las altas estrellas que en él se reflejan, y que así, en cierto modo, están ahí.*

FERNANDO PESSOA[3]

Bienaventurados los que sueñan sueños y están dispuestos a pagar el precio de hacerlos realidad.

CARDENAL SUENNENS

La vida se puede comparar a una tela bordada. En la primera mitad del recorrido, vemos la parte del derecho, pero en la segunda, vemos la parte del revés y ésta ya no es tan bella como la otra, aunque sí mucho más instructiva, puesto que nos permite conocer cómo están conectados los hilos entre sí.

SCHOPENHAUER

PREGUNTAS PARA CRECER

- ¿Cuáles son tus cinco mejores cualidades?
- ¿Qué tres cosas importantes has aprendido de la vida hasta este momento?
- ¿Qué aspectos de tu personalidad valoras especialmente?
- ¿Con qué cinco palabras crees que te definiría la persona que mejor te conoce?
- ¿Qué sueños importantes tienes que aún no has cumplido?
- ¿Qué tres cosas esperas de los demás? ¿Qué esperas de la vida?
- ¿Qué te apasiona?

---

3   *Libro del desasosiego.* Acantilado.

- ¿Qué tres emociones o sentimientos deseas incrementar?
- ¿Cuáles son tus tres intereses más importantes? ¿Estás haciendo algo para alimentarlos?
- ¿Qué dolor profundo arrastras contigo? ¿Qué heridas emocionales aún no has cerrado? ¿Qué puedes hacer concretamente para reparar estas grietas emocionales?

EJERCICIOS PARA PASAR A LA ACCIÓN

Tu iceberg

Imagínate como un iceberg. La parte que asoma a la superficie está formada por lo que tú crees que los demás ven de ti. Debajo de la superficie se halla aquello que no se ve de entrada pero que forma parte de ti y que aflora con tus conductas.

El ejercicio consiste en que para cada una de las partes señales las tres características que mejor te definan. Escríbelas al lado de cada uno de los niveles:

- ¿Qué área te es más desconocida?
- ¿Cuál te ha sido más difícil responder?
- ¿Qué puedes hacer para reforzar tu base?

Lo que se ve

Personalidad

Emociones

Intereses, necesidades, deseos

Percepción de ti mismo y autoestima

Expectativas

Temas no resueltos del pasado

Veo veo... ¿qué ves?

Veo con la mirada...

Dedica un tiempo a mirarte, como si fuera la primera vez que te vieras. Y a medida que te miras, ve diciéndote en voz alta lo que ves. Por ejemplo: *Veo unos ojos marrones; veo un cabello corto y rubio...* Lo importante es que te mires y te veas sin juzgarte.

Veo con el corazón...

Siente lo que ves de ti mismo con el corazón. Dilo en voz alta, sin miedo, con fuerza. Por ejemplo: *Veo una persona con muchos miedos; veo una persona sensible; veo una persona cansada...* también sin juzgarte y desde el respeto por ti mismo.

- ¿Qué has aprendido al hacer este ejercicio? ¿Qué te ha sido más difícil? ¿Hay algo que quieras cambiar?

Desierto

ÁREA EE Espacios y territorios

CONCEPTOS Crisis emocionales / Paisaje emocional / Gestión emocionalmente ecológica de las pérdidas / Caos emocional

ACTITUDES Resignación / Aceptación / Pasividad / Agresividad / Desprendimiento

EMOCIONES Sufrimiento / Miedo / Incertidumbre / Tristeza / Pesadumbre / Soledad / Valentía

RELATOS

El águila

El águila es una de las aves de mayor longevidad. Llega a vivir 70 años. Pero para llegar a esa edad, en su cuarta década tiene que tomar una seria y difícil decisión. A los 40 años, sus uñas se vuelven tan largas y flexibles que no puede sujetar las presas de las cuales se alimenta. El pico, alargado y en punta, se curva demasiado y ya no le sirve. Apuntando contra el pecho están las alas, envejecidas y pesadas en función del gran tamaño de sus plumas, y para entonces, volar se vuelve muy difícil. Entonces, tiene sólo dos alternativas: dejarse estar y morir…. O enfrentarse a un doloroso proceso de renovación que le llevará aproximadamente 150 días.

Ese proceso consiste en volar a lo alto de una montaña y recogerse en un nido, próximo a un paredón, donde no necesita volar y se siente más protegida. Entonces, una vez encontrado el lugar adecuado, el águila comienza a golpear la roca con el pico… hasta arrancarlo. Luego espera que le nazca un nuevo pico con el cual podrá arrancar sus viejas uñas inservibles. Cuando las nuevas uñas comienzan a crecer, ella desprende una a una sus viejas y sobrecrecidas plumas. Y después de todos esos largos y dolorosos cinco meses de heridas, cicatrizaciones y crecimiento, logra realizar su famoso vuelo de renovación, renacimiento y festejo para vivir otros 30 años más.

En nuestra vida también nos toca sufrir procesos de renovación para no sucumbir. Tenemos quizá que resguardarnos por algún tiempo, meditar, someternos a ciertos sacrificios para llevar a cabo algunos cambios necesarios.

Aunque la vida nos arrugue

Éste es el relato del día que Juan se encontró a su amiga Carmen en un bar. Él tenía su rostro muy abatido y descargó en ella todas sus preocupaciones: el trabajo, el dinero, su relación de pareja, su vocación…, todo parecía ir mal en su vida. Se hallaba muy desilusionado consigo mismo. Carmen introdujo la mano en su cartera y le dio cien euros diciéndole:

—Juan, ¿quieres este billete?

Juan la miró confuso y le dijo:

—Claro, Carmen. Son cien euros, ¿quién no los quiere?

Entonces Carmen cogió el billete y lo arrugó hasta hacer una bolita. Se lo mostró a Juan y le preguntó:

—¿Y ahora, aún los quieres?

—Carmen, ¿qué tiene que ver?, siguen siendo cien euros. Está claro que los cojo si me los das.

Carmen volvió a coger el billete, lo tiró al suelo, lo aplasto con su pie y lo levantó sucio y marcado.

—¿Sigues queriéndolo? –preguntó.

—Mira, Carmen, sigo sin entender qué quieres, pero este billete sigue siendo de cien euros esté sucio o aplastado, o sea, que su valor es el mismo y lo sigo queriendo.

—Entonces, Juan, debes saber que aunque en ocasiones las cosas no van como queremos, aunque la vida nos arrugue o nos pise, seguimos siendo tan valiosos como siempre hemos sido.

VISIÓN

La metáfora del desierto representa los momentos de crisis de la vida en los que nos sentimos sin recursos, solos, perdidos y conectados al sufrimiento

Un estado del alma es un paisaje –decía Pessoa–. ¿A qué estado del alma representa un desierto? desierto: ecosistema que se caracteriza por la falta de lluvia, la poca y difícil vida existente, la erosión causada por el viento y la radiación solar, las condiciones climáticas extremas y el vacío. En un sentido emocional, el desierto es un territorio yermo y sin recursos. Uno siente que la situación que vive es crítica, extrema y se sufre mucho. El desierto emocional es una metáfora de las situaciones de crisis en las que nos sentimos faltos de recursos, solos y con muchas dudas sobre el alcance de nuestras fuerzas para sobrellevarlas. Cuando aparece el desierto nos enfadamos con la vida, protestamos y nos rebelamos, cambia nuestra escala de valores, nos centramos en la supervivencia y lo superfluo deja de tener importancia.

Cuando sufres, te falta la vida. Caminas, pero tus pasos no te llevan a ninguna parte. Te enfrentas a condiciones duras, extremas. Tú tenías un propósito, proyectos e ibas a la búsqueda de tu destino con un mapa claro. Y entonces, cuando menos lo esperabas, la vida te cambió el paisaje y te colocó en medio de un desierto emocional: una enfermedad, un accidente, la pérdida de tu trabajo, la ruptura de una relación… ¡Tantas rutas te pueden llevar allí!

Imagina por un momento que de repente ya no estás aquí leyendo el libro. Por algún motivo te encuentras en medio de una extensión enorme de arena y piedra y sin puntos de referencia. ¿Cómo te sentirías? Seguramente angustiado, impotente, indignado –tú no querías estar ahí, tenías otros planes–, desorientado, perdido, asustado, solo... De tu interior surgirían al mismo tiempo muchas emociones, y todas ellas desagradables, que te producirían caos y desequilibrio. En todo caso sufrirías. ¿Por qué estoy aquí? –te preguntarías–. ¿Dónde está el camino de vuelta? ¿Por qué no hay señales? ¿Dónde está la gente? ¿Voy a poder salir de ésta? ¿Encontraré a alguien que me acompañe y ayude? ¿Moriré? ¡Quiero volver a casa!

El desierto puede ser muy bello, pero también es muy difícil de transitar. La supervivencia depende en buena parte de los recursos de cada persona y también de lo acertado de su sentido al caminar. Imagina que si te diriges a la derecha después de unos kilómetros hallarás una población donde serás socorrido, pero si te diriges a la izquierda te esperan cuatrocientos kilómetros sin nada, vacío absoluto. De la elección adecuada puede depender tu supervivencia.

De forma parecida ocurre en tu mundo emocional. Según sea tu capacidad para gestionar ecológicamente tus emociones, los valores que te guían en la vida, la fuerza de la red de relaciones que te acompañan y sostienen, tus conocimientos, experiencias, aprendizajes, inteligencia... mayores o menores posibilidades tendrás de salir con éxito de los diferentes «desiertos» con los que deberás lidiar a lo largo de tu vida.

Cuando el desierto aparece es normal que te enfades con la vida, protestes y te rebeles. En tal situación se clarifica tu escala de valores, prima la supervivencia y lo superfluo deja de tener importancia. Tu brújula interior puede orientarte en los momentos difíciles. Cuando no ves claro el camino es más necesario que nunca sintonizar contigo mismo y escuchar lo que te dicen tus emociones además de lo que gritan tus pensamientos. Lo que crees, creas; y si te dices a ti mismo que no hay nada que hacer y que no vas a salir de ésta... ¡posiblemente sea así! No obstante, incluso en los momentos de mayor sufrimiento, la esperanza brilla como una luz que te guiará si no te dejas ofuscar. Porque nos han dicho que mientras hay vida hay esperanza, pero tal vez sea al revés... sólo si eres capaz de mantener la esperanza te sentirás vivo.

Es importante que tengas en cuenta que viajar con equipaje ligero ayuda a avanzar. En las situaciones de desierto es preciso que te desprendas del máximo peso posible: creencias rígidas, visión cerrada, presuposiciones, prejuicios, resentimientos, ofensas, relaciones tóxicas... Hacerlo te permitirá cargar sólo con lo necesario. Este trabajo personal de desprenderse es una etapa necesaria en momentos críticos.

En las situaciones de crisis el amor se alza como valor máximo. En tu búsqueda de un compañero, una mano amiga que te acompañe en el trayecto difícil, serás consciente de que sólo el contacto y una comunicación de calidad con otro ser humano te permitirá acceder a la otra cara del desierto: el silencio, la belleza, la serenidad y la posibilidad de hallar un oasis de crecimiento personal y serenidad en medio de tanta aridez.

PALABRAS PARA LA REFLEXIÓN

La vida es como un viaje que iniciamos, en apariencia por propia voluntad. Creemos saber adónde nos dirigimos. Y, de pronto, nos encontramos en medio de un desierto.

ANTONIO GALA

La crisis más amenazante es la tragedia de no querer luchar por superarla.

ALBERT EINSTEIN

Lo que embellece al desierto es que en alguna parte esconde un pozo de agua.

ANTOINE DE SAINT-EXUPERY

Ahogarse en un mar de lágrimas es lo mismo a perderse en un desierto.

ANÓNIMO

Me dejaron de pronto en medio de un desierto poblado de signos invisibles.

DELIA QUIÑÓNEZ

Hay alguna cosa que me inquieta: estoy amenazada por la indiferencia, algo que llamamos el desierto de las emociones. Si dejo de sentir algo, me agostaré y desapareceré. Así es que mejor reír... estamos de paso... No permitamos que el tiempo se aburra en nuestra presencia.

TAHAR BEN JELLOUN

Los dos enemigos más importantes para cualquier persona son el dolor y el aburrimiento, ya que cuando nos parece que nos alejamos del uno nos acercamos al otro y viceversa. El único remedio eficaz contra esos males es la riqueza interior, la riqueza de espíritu.

Schopenhauer

Vivimos inmersos en ese desierto de incertidumbre, pero todavía cabe salvar un punto de referencia: la difícil aceptación de una responsabilidad acompañada de la perenne preocupación por haber completado un error. La voz de la responsabilidad se hace pues perceptible sólo en la disonancia de las opiniones, mientras el consenso y la unanimidad anuncian la tranquilidad del cementerio.

Zygmunt Bauman

Para llegar a Región hay que atravesar un elevado desierto y el viajero en un momento u otro conocerá el desaliento al sentir que cada paso hacia adelante no hace sino alejarlo un poco más de aquellas desconocidas montañas. Y un día tendrá que abandonar el propósito y demorar aquella remota decisión de escalar su cima más alta… o bien —tranquilo, sin desesperación, invadido de una suerte de indiferencia que no deja lugar a los reproches— dejará trascurrir su último atardecer, tumbado en la arena de cara al crepúsculo, contemplando cómo en el cielo desnudo esos hermosos, extraños y negros pájaros que han de acabar con él, evolucionan en altos círculos.

Juan Benet[4]

---

4   España, 1927-1993. *Volverás a Región* (fragmento).

> ❮❮ *A veces la crisis sola, sin ninguna instrucción preparatoria, basta para hacer que un hombre se olvide de ser su acostumbrado yo y se convierta, por aquel tiempo, en algo completamente diferente. Así las personas de quienes menos se creería se convierten temporalmente, bajo la influencia de un desastre, en héroes, mártires, abnegados trabajadores para el bien de sus semejantes.*
>
> ALDOUS HUXLEY

> ❮❮ *Las arrugas en la piel no son el único rastro de la asignatura del vivir, y las cicatrices pueden ser tanto interiores como exteriores. La vida deja también huellas en nuestra alma.*
>
> CONANGLA & SOLER

PREGUNTAS PARA CRECER

- ¿Cómo es tu paisaje emocional actual?
- ¿Has cruzado algún «desierto emocional»?
- ¿Cómo reaccionas ante la adversidad? ¿Te sientes víctima? ¿Por qué? ¿Lo tomas como un reto?
- ¿Cuáles son los aspectos de ti mismo que podrían servirte de ayuda ante una situación de crisis?
- ¿Cómo gestionaste la última crisis que has tenido?
- ¿Qué te ayudó? ¿Qué aumentó tu sufrimiento? ¿Qué te supuso un obstáculo?
- ¿Qué tipo de decisiones crees que no deben tomarse en una etapa de crisis emocional?
- ¿Cuáles son los mensajes que te das a ti mismo con más frecuencia? ¿Te acercan o te alejan del desierto?
- ¿Viajas con equipaje ligero o cargado con demasiados pesos? ¿De qué peso inútil puedes prescindir?

- ¿Qué has aprendido de tus momentos de *desierto?* ¿Hallaste algún *oasis?* ¿Cómo fue?

EJERCICIOS PARA PASAR A LA ACCIÓN

Equipaje que no pesa

Aspectos positivos de mí mismo que no debo olvidar:

1. _____
2. _____
3. _____
4. _____
5. _____

- Necesito ayuda en _____

- Puedo ofrecer ayuda en _____

¿Qué equipaje te llevarías para cruzar un desierto?

Imagina: Te avisan con antelación de que la vida te va a cambiar tu paisaje emocional. Dentro de dos horas te hallarás en un territorio desconocido y desértico, sin mapa, sin GPS, sin nada más que el equipaje que te permiten hacer ahora.

Este viaje lo deberás hacer solo, no sabes cuánto va a durar, sólo que será difícil y que va a poner a prueba tu fortaleza emocional.

En tu mochila puedes llevar sólo diez cosas que puedes elegir entre tus emociones, valores-guía, conocimientos, vitaminas emocionales, recuerdos, cualidades, habilidades…, todo intangibles (lo que no se ve pero que constituye la base de tu iceberg). *Todo lo demás lo deberás soltar.*

- ¿Qué 10 elecciones harías?
- ¿Qué lugar ocuparía cada cosa en tu mochila?
- ¿Hay algo que sería importante proteger especialmente debido a su fragilidad?
- ¿Hay algo que consideres que vas a necesitar y que en este momento no tienes adquirido?, ¿qué sería?

- Reflexiona acerca de lo que has elegido y lo que has abandonado.

Pez koi

ÁREA EE Territorios y espacios

CONCEPTOS Territorio interior vs. Territorio exterior /
Crecimiento personal / Condicionantes externos e internos del
ecosistema / Responsabilidad y libertad de elegir / Hábitat

ACTITUDES Resignación / Pasividad / Aceptación /
Adaptación positiva / Asertividad / Agresividad

EMOCIONES Tristeza / Irritabilidad / Enfado / Desánimo /
Impotencia / Valentía

RELATOS

El pez koi

Se explica que el pez favorito de muchos coleccionistas es la carpa japonesa llamada *koi*. Lo más fascinante de este pez es que, si se lo mantiene en una pecera pequeña, sólo crece unos centímetros de largo. Si se coloca en un recipiente mayor o en un estanque pequeño, puede a llegar a tener más de dos palmos. Si se coloca en un estanque mayor, puede llegar a medir casi medio metro. Pero si crece en un lago grande, el pez koi puede, en ocasiones, crecer hasta casi un metro. El hecho curioso es que el tamaño del pez depende del tamaño de la pecera en la que crece.

Limpieza de la pecera

El otro día fuimos a casa de un amigo. Lo encontramos realizando la «ceremonia de limpieza de su pecera». Nos contó que era importante cambiarle el agua y limpiarla a fondo con cierta frecuencia.

Continuamos hablando a la vez que lo observábamos mientras, con meticulosidad, iba dando todos los pasos necesarios. Llenó su bañera de agua a la temperatura adecuada. Entonces fue cogiendo los peces con una red, suavemente, y los fue depositando en la bañera. Una vez sin peces, nuestro amigo vació la pecera, la limpió y volvió a llenarla. Finalmente volvimos a la bañera a buscar nuevamente los peces. ¡Cuál fue nuestra sorpresa al observar que, a pesar de que la bañera era muy grande, los peces iban manteniendo una ruta circular bastante cerrada de medida parecida a la de la pecera en la que habitualmente estaban!

VISIÓN

....

El ecosistema humano donde habitamos condiciona
nuestro crecimiento personal aunque no lo determina

....

No somos peces koi, y aun así, esta metáfora es poderosa.
    El ecosistema natural y humano que habitamos nos influye. Y dentro de este ecosistema crecemos en distintos hábitats: la familia, la escuela, el barrio, la empresa u organización en la que trabajamos, la población, el país, el continente.
    Un hábitat es el conjunto formado por un territorio, los seres que lo habitan, y los vínculos que crean, las energías que se intercambian y el clima que se crea. En función de sus características y de su nivel de salud y equilibrio, podemos desarrollar nuestros mejores potenciales, crecer y explorar, o por el contrario, replegarnos, y quedar apalancados en una zona cómoda, de seguridad o rutina que no nos ayuda a desarrollarnos. En este caso sufrimos o nos colapsamos.

La falta de espacio no sólo físico sino también intelectual o emocional, puede provocarte angustia. La palabra angustia viene de «angosto», que significa «paso estrecho». La sensación de opresión, dificultad para respirar, irritabilidad, mal humor… son señales de problemas en tu territorio interior o exterior y de nada sirve lamentarte por la falta de espacio o agredir a los demás para ganar y ocupar su territorio. Éstas estrategias son desadaptativas y emocionalmente poco ecológicas.

La buena noticia es que no eres un pez koi y que tú puedes cocrear tus circunstancias, porque si bien estás condicionado no naces predeterminado. Tu desarrollo no sólo depende de las oportunidades de crecer física, emocional, social y espiritualmente del hábitat que te ha tocado en suerte sino, sobre todo, de tus actitudes, elecciones y acciones.

Y como no eres un pez no tienes que esperar que venga alguien a cambiarte de recipiente si tu hábitat es demasiado opresivo o pequeño, si te sientes angustiado o asfixiado. Cuando consideres que sus paredes obstaculizan tus deseos de explorar, puedes saltar y cambiar de la pecera pequeña a una más grande, de ésta a un estanque o a un lago, gozando de las múltiples posibilidades que ofrece nuestra vida. También puedes cambiar tu hábitat eliminando algunas paredes, quitando obstáculos, mejorando su clima, o relacionándote mejor con los demás «peces» que lo habitan.

Respecto a tu crecimiento emocional, el horizonte se halla más en tus ojos que en la realidad. Tú fijas tus propios límites. No tienes por qué vivir enclaustrado en una «pecera».

PALABRAS PARA LA REFLEXIÓN

Muchas personas ven las cosas como son y se preguntan: «¿Por qué?». Yo sueño cosas que nunca han sido y me pregunto: «¿Por qué no?».

BERNARD SHAW

>> *Estamos a la intemperie. Es una sensación de angustia perder el techo que nos cobijaba y protegía. Pero este mismo techo nos impedía ver las estrellas. Ser libre es asumir la incertidumbre de la intemperie.*

MARTIN BUBER

>> *La seguridad es paralizante.*

SARAH POLLEY

>> *Hay que aprender a callar y aprender a marcharse. De cualquier lugar donde una determinada contradicción toque a la vida y deje sin aire a nuestro ser, hay que marcharse.*

NIETZSCHE

>> *No puede haber felicidad donde falta la libertad ni donde el otro sólo es un medio para llenar el propio vacío o suplir nuestra incapacidad.*

SOLER & CONANGLA

>> *Cerrar los temas pendientes es hacer espacio para lo nuevo.*

JAUME SOLER

>> *Una aventura no es más que un inconveniente convenientemente considerado. Un inconveniente no es más que una aventura considerada equivocadamente.*

CHESTERTON

>> *La gran pregunta es si serás capaz de dar un sí sincero a tu aventura.*

JOSEPH CAMPBELL

Palabra de seis letras que mata el amor: rutina.

JAUME SOLER

Visión sin acción es soñar despierto. Acción sin visión es una pesadilla.

Proverbio japonés

PREGUNTAS PARA CRECER

- ¿Qué características tiene tu hábitat actual?
- ¿Qué oportunidades tienes para crecer física, emocional, psíquica, social, cultural y espiritualmente?
- ¿Qué emociones sientes con mayor frecuencia? ¿De qué te informan?
- ¿Sientes que ganas territorio interior y exterior o bien te estás replegando y cediendo espacios importantes para ti?
- Ante situaciones de angustia u opresión ¿tiendes a adoptar estrategias pasivas –queja, victimismo–, agresivas –insultar, uso de violencia física o verbal, faltas de respeto– o asertivas –búsqueda de soluciones y toma de decisiones adaptativas–?
- ¿Prefieres lo malo conocido a lo bueno por conocer? ¿Por qué?
- ¿Has sentido angustia en alguna ocasión? ¿En cuál? ¿Puedes analizar si tenía que ver con sensación de «falta de espacio» físico, emocional, mental o relacional?
- ¿Tiendes a resignarte con «lo que hay» o creas tú mismo otras realidades y buscas oportunidades?
- ¿Puedes recordar algún momento de tu vida en el que dieras un salto para salir de «una pecera demasiado pe-

queña»? ¿Cómo te sentiste después? ¿Qué tuviste que dejar para conquistar tu nuevo espacio?

EJERCICIOS PARA PASAR A LA ACCIÓN

¿Una pecera o un lago?

¿Cabes en tu vida? ¿Sientes que dispones de espacio suficiente? Imagina que tu vida es una pecera, o tal vez un lago. Este ejercicio te propone que analices cada ámbito de tu vida y le adjudiques una puntuación del 1 al 10, significando el cero la asfixia máxima en el área en concreto y el 10 el sentimiento de máxima disponibilidad de espacio para crecer y margen de maniobra en ella.

ESPACIOS	1	2	3	4	5	6	7	8	9	10
Pareja										
Familia										
Trabajo										
Amigos										
Realización personal										

Una vez hecha la reflexión, se trata de redactar un INFORME DE SITUACIÓN y posibles mejoras a incorporar.

Una planta en una maceta

Metafóricamente: si fueras una planta…

- ¿Qué tipo de planta serías?
- ¿Dónde habitarías?
- ¿Cómo es el lugar donde estás plantada?
- ¿Tienes otras plantas a tu alrededor? ¿Cuáles? ¿Cómo convives con ellas?
- ¿Cómo es la tierra en la que te alimentas? ¿Qué composición tiene?
- ¿Cómo son tus raíces? ¿Cuál es el espacio que tienes para crecer?
- ¿Cómo te sientes en el territorio donde estás en estos momentos? ¿Qué te proporciona?
- ¿Te gustaría trasplantarte a otro lugar? ¿A cuál? ¿Qué esperas de este nuevo lugar?

- Dibuja la planta que eres y el hábitat en el que vives. Pon nombre a cada elemento de tu dibujo.

Mapas y dragones

ÁREA EE Espacios y territorios

CONCEPTOS Límites, fronteras / Espacios inciertos
vs. Espacios de crecimiento / Zona cómoda *vs.*
Zona de exploración / Gestión de la incertidumbre /
Gestión del riesgo / Gestión de la oportunidad

ACTITUDES Asertividad / Pasividad / Replegamiento /
Curiosidad / Audacia

EMOCIONES Miedo / Incertidumbre / Valentía /
Fortaleza / Seguridad / Confianza

Relatos

Un dragón, una oportunidad

Dice Von Oech que, hace siglos, cuando a los cartógrafos se les acababa el mundo conocido, antes de terminar de llenar el pergamino, dibujaban un dragón en la esquina de la hoja. Éste era un signo que indicaba a los exploradores que entraban en un territorio desconocido bajo su propio riesgo. Lamentablemente, algunos exploradores tomaron este símbolo de forma literal y tuvieron miedo de aventurarse en mundos ignotos. Otros, sin embargo, fueron más audaces y vieron en el dibujo una señal de nuevas oportunidades e hicieron importantes descubrimientos.

Jaume Soler y María Mercè Conangla
La ecología emocional. RBA, 2007.

Abre esta puerta

En una tierra en guerra, había un rey que causaba espanto. Siempre que hacía prisioneros, no los mataba, los llevaba a una sala donde había un grupo de arqueros de un lado y una inmensa puerta de hierro del otro, sobre la cual se veían grabadas figuras de calaveras cubiertas de sangre.

En esta sala el rey les hacía formar un círculo y les decía entonces:

—Ustedes pueden elegir entre morir atravesados por las flechas de mis arqueros o pasar por esa puerta misteriosa.

Todos elegían ser muertos por los arqueros. Al terminar la guerra, un soldado que por mucho tiempo sirvió al rey se dirigió al soberano y le dijo:

—Señor, ¿puedo hacerle una pregunta?

Y le responde el rey:

—Dime, soldado.

—¿Qué había detrás de la horrorosa puerta?

—Ve y mira tú mismo—respondió el rey.

El soldado entonces, abrió temerosamente la puerta y, a medida que lo hacía, rayos de sol entraron y aclararon el ambiente. Descubrió sorprendido que la puerta se abrió sobre un camino que conducía a la libertad. El rey explicaba al soldado:

—Yo les daba a ellos la elección, pero preferían morir que arriesgarse a abrir esta puerta.

VISIÓN

··

Donde hay un «dragón» se halla un punto de mejora.
La vida empieza donde acaba tu «zona de confort»

··

Desde que nacemos elaboramos un mapa mental en el que otorgamos a nuestras experiencias una carga emocional que sirve para orientarnos en el futuro. Así dejamos constancia de nuestros miedos, nuestras zonas de peligro, los restos de nuestros naufragios y pérdidas; también de las zonas de oportunidad, espacios libres de obstáculos o caminos agradables de recorrer.

Como en el relato de Von Oech, para nosotros es importante entender que los dragones sólo representan nues-

tra ignorancia del territorio y que tenerlos localizados es algo muy inteligente. Los dragones definen nuestros límites y los guardan impidiéndonos crecer y explorar.

Lo cierto es que dónde hay un dragón... hay un punto de mejora y crecimiento personal. *Porque si nos acercamos a ellos con valentía veremos que desaparecen de nuestro mapa y que lo que surgen son nuevos territorios interiores y exteriores para explorar. ¡Busquemos, pues, dragones!*

Tu mapa mental es tu guía. Contiene tu memoria emocional, información afectiva que indica las zonas de peligro y las de oportunidad. Curiosamente, a menudo ambas van juntas. Si decides quedarte en la zona conocida por miedo a los dragones, tu mundo será pequeño y también muy rutinario y aburrido, aunque posiblemente más seguro.

Cada dragón puede llevar consigo alguna creencia o aprendizaje desadaptativo que deberás revisar si quieres desactivarlo. Así, el dragón que te dice que «sólo es posible enamorarse una vez», te impide la posibilidad de amar de nuevo. Aquel otro que afirma que «lo que dice la mayoría es la verdad», te impide buscarla y ser creativo y original. También existen dragones que señalan que «es mejor lo malo conocido que lo bueno por conocer»; o bien que «quien bien te quiere te hace llorar»; o bien que «harás el ridículo si lo haces» y que si no los enfrentas, no te permitirás conocer cosas nuevas, aceptarás que te maltraten o dejarás de desplegar tus dones por miedo a la mirada de los demás. Todo un desperdicio de vida.

Tus dragones tienen nombre y es importante que lo descubras y veas en qué áreas de tu vida habitan.

Los dragones se alimentan de mensajes como: «No puedo», «No seré capaz»; «No tengo armas con que luchar»; «No les gustaré si hago esto»; «Tengo miedo»; «Esto nadie lo hace»; «Siempre se ha hecho así»… Cambia estos mensajes por otros como: «Voy a buscar recursos para poder»; «Voy a hacerlo»; «Trabajaré para enfrentarme a esto»; «No hace falta que guste a todo el mundo»; «Aunque tenga miedo voy a hacerlo»; «Voy a ser la primera persona en hacerlo»; «¿Por qué no hacerlo de otra forma?» y los dragones desaparecerán.

La configuración de tu mapa mental tiene un impacto importantísimo en tus relaciones con los demás. Cuanto más amplio y abierto sea tu espacio interior mejor será la calidad de las relaciones que establecerás. El miedo llama al miedo, la comodidad a la comodidad y la fortaleza y la valentía te llevarán por caminos donde conocerás gente fuerte y valiente.

Recuerda que los dragones sólo están en tu mente esperando convertirse en «princesas». El miedo no debe disuadirte de continuar avanzando en tu vida. No se trata de esperar a que desaparezca para continuar explorando. De hecho, ser valiente no significa no sentir miedo, sino hacer aquello que hay que hacer a pesar de sentirlo.

Palabras para la reflexión

… Cuando el alma se dispara y entra en trance explorador, la aventura nunca falta, aunque el cuerpo no haga otro recorrido que el muy común que lleva desde el portal de casa hasta el quiosco de periódicos más cercano, o aunque permanezca inmóvil en una cama de enfermo, como Proust, o abrazado por una camisa de fuerza en el fondo de un calabozo, como el pere-

grino estelar de Jack London. Es decir, que lo que nos pasa, siempre pasa dentro. A fin de cuentas, toda experiencia es interior.

FERNANDO SAVATER

Guerrero es todo aquel que no tiene miedo de abandonar una posición conquistada.

FERNANDO SÁNCHEZ DRAGÓ

En la incertidumbre encontraremos la libertad para crear cualquier cosa que deseemos.

DEEPAK CHOPRA

El futuro tiene muchos nombres. Para los débiles es lo inalcanzable. Para los temerosos, lo desconocido. Para los valientes es la oportunidad.

VICTOR HUGO

No hay nada peor en la vida que perderla por miedo a vivirla.

ANÓNIMO

Vivió detrás de la ventana, muy cómoda, toda su vida. Vio como toda la vida pasaba ante ella. Ella murió delante de su ventana poco a poco. Cuando alguien dejo de regarla, se dio cuenta de que era una planta de interior.

ANÓNIMO

El héroe, en todas las tradiciones, es, antes que nada, fuerte, y ser fuerte significa algo muy parecido en todas las culturas: ser fuerte es ser intrépido y generoso. No temer la destrucción física ante todas las cosas, no retroceder ante aquello que debe y

*puede ser hecho, no someterse a lo que es extraño e injustamente
hostil, no querer enaltecerse con la humillación del otro, renun-
ciar a todo el botín de la victoria con triunfal alegría, conceder
la paridad de la nobleza a quien ya no la espera y a quien aún
no la merece. La fuerza del héroe es el cumplimiento de aquello
que nos prometemos con la virtud.*

FERNANDO SAVATER

*A menudo le hacía pensar que barcos y hombres debe-
rían hundirse y desaparecer a su hora, en mar abierto, en vez
de pudrirse amarrados a la tierra.*

ARTURO PÉREZ-REVERTE

Los mapas del alma no tienen fronteras.

EDUARDO GALEANO

*No te quedes inmóvil / al borde del camino / no congeles
el júbilo / no quieras con desgana / no te salves ahora ni nunca. /
No te salves.*

MARIO BENEDETTI

PREGUNTAS PARA CRECER

- ¿Cuál ha sido tu aventura vital más importante hasta este
  momento?
- ¿Qué *puertas* concretas has dejado de abrir en tu vida por
  temor a algún dragón?
- ¿Cómo es tu presente? ¿Te hallas en zona conocida o cómoda, o en zona incierta de exploración? ¿Qué sientes al
  estar ahí?

- ¿Qué te da miedo perder? ¿Qué temes abandonar?
- ¿A qué o a quién te sientes atado? ¿Realmente quieres estar ahí?
- ¿Vives en una zona cómoda en la que no esperas sobresaltos? ¿Cómo te hace sentir?
- ¿Qué crees que ocurriría si te aventuraras en el territorio de alguno de tus dragones?
- ¿Qué aspectos fuertes de ti mismo pueden ayudarte a hacer frente a tus temores?
- ¿Te sirven tus temores para evitar hacer algo que deberías hacer? ¿Qué ocurriría si lo hicieras?
- Imagina que puedes hacer lo que de momento no te atreves. ¿En qué cambiaría tu vida? ¿Cómo te sentirías tú?

EJERCICIOS PARA PASAR A LA ACCIÓN

Mapas y dragones

1. Dibuja un mapa distribuyendo el territorio según la importancia que le des a las diferentes áreas de tu vida: a ti mismo, pareja, familia, amigos, trabajo, ocio, sociedad, el mundo.
2. Analiza cada espacio: ¿lo conoces bien? ¿Qué emociones sientes cuando estás allí? ¿Hay armonía o caos? ¿Lo habitas en soledad o hay otras personas que lo comparten?
3. Pega dragones en aquellos territorios en los que sientes tienes alguna barrera que no te deja expandirte o que te hace retroceder.
4. Intenta dar nombre a cada dragón. ¿Qué emociones sientes cuando te acercas a él? ¿Qué te dicen tus emocio-

nes? ¿Qué puedes hacer para saltar este obstáculo? ¿Con qué cualidades cuentas?

5. ¿Ves algún modo de trasformar el dragón-miedo en dragón-oportunidad?
6. Escribe cómo crees que te sentirás si consigues salvar el obstáculo del dragón.

Neutralicemos dragones

Se trata de identificar miedos y autolimitaciones que, como si de dragones se trataran, son barreras que nos impiden crecer y ampliar nuestro territorio vital. Se trata de que cada frase-dragón que te digas la conviertas en una *oportunidad para desactivar el dragón.*

Frase - dragón	Frase neutralizadora y potenciadora
Ej. No voy a poder	*Voy a prepararme para conseguirlo*
No sirvo para esto	
Yo no soy creativo	
Como en casa en ninguna parte	
Es demasiado difícil para mí	
Si lo digo no me va a querer	
Es muy poco lo que puedo hacer	
No vale la pena	
Vale más pájaro en mano…	

ENERGÍAS PARA HACER CAMINO

- Kolam
- Cometa CAPA
- Conservas emocionales
- Renoir
- Las 4 R's de la sostenibilidad

Energías para hacer camino

¿En qué fuente de energía emocional te conectas?

Amanece. Hoy puedes volver a nacer. Puedes iniciar el día con un *Kolam* único, diferente a todos los demás; puedes desplegar todas tus características *CAPA* que te permitirán alzar el vuelo; alimentarte de *conservas emocionales* que te proporcionen las vitaminas afectivas necesarias para crear y vínculos libres y responsables; puedes aprender de *Renoir* el difícil camino de la trasformación del dolor en belleza y aplicar las *4 R's* de la sostenibilidad emocional para un mejor uso de la energía vital. ¿Te animas a trabajar las metáforas de este capítulo?

Kolam

Puede ser un Kolam dibujado en el suelo o puedes, si lo deseas, dibujarlo en tu mente cada día antes de empezar tus actividades. La metáfora de Kolam permite conectarte a un sentimiento valioso: la Gratitud. Para dar las gracias debes ser consciente de los dones que hay en tu vida y de que tu propia vida es un don. Cuando eres consciente, puedes valorar, y cuando valoras, agradeces.

Cometa CAPA

Seguramente como todo niño, te has sentido fascinado al ver volar cometas en el aire. Su danza con el viento tiene algo de magia que nos conecta al deseo que todo explorador tiene de alzarse del suelo y ver las cosas, las personas, los paisajes desde una perspectiva diferente. La metáfora CAPA propone cultivar a la vez cuatro características personales que si actúan sincrónicamente pueden marcar la diferencia en nuestra vida. Una persona CAPA es más resiliente, capaz de superar las situaciones difíciles de la vida sin romperse por dentro, dispone de mayores niveles de confianza y equilibrio emocional.

Conservas emocionales

Acudimos a las conservas cuando por algún motivo en aquel momento las cosechas no nos proporcionan determinado alimento que necesitamos. También «conservamos» aquello que consideramos que es valioso, y lo preservamos evitando su destrucción. ¿Qué hay en tu vida que merezca ser conservado? ¿Qué puede servirte de alimento emocional cuando por algún motivo hay escasez afectiva en tu vida? ¿Qué conservas emocionales puedes regalar a otras personas que las necesitan?

Renoir

Uno de los maestros de la pintura que nos puede enseñar algo más valioso que todos sus cuadros. Un hombre que perseveró en su talento, que a pesar del dolor continuó creando, porque crear era su sentido. ¿Quieres conectarte a esta metáfora? ¿En qué momentos se puede aplicar? Renoir también es un ejemplo del arte de la resiliencia.

Las 4 R's de la sostenibilidad

Aplica las estrategias que ya conoces para el uso sostenible de los recursos a tu mundo emocional. Dado que tu energía emocional es limitada, es importante que decidas bien cómo utilizarla, en qué o quién invertirla y, de manera especial, cómo trasformarla y orientarla a tu mejora personal, a la mejora de la calidad de tus relaciones y al cuidado del ecosistema que habitas. Hacerlo así es emocionalmente ecológico y una muestra de inteligencia.

Kolam

ÁREA EE Energías

CONCEPTOS Capital emocional / Fuente de energía emocional ecológica / Vitaminas emocionales

---

ACTITUDES Bienvenida / Despedida / Atención plena / Conciencia / Principio de responsabilidad / Desprendimiento / Principio de libertad / Centramiento / Equilibrio / Creatividad

---

EMOCIONES Gratitud / Amor a la vida / Serenidad

RELATOS

Kolam: bienvenida a la vida

Empieza el nuevo día. En muchas aldeas hindúes una persona está barriendo el suelo del portal de su casa. Lo limpia, lo alisa, si es de tierra, y lo deja como nuevo. El sol sale. Con tiza, blanca o de colores, con tierra de diferentes tonos, con pintura, con hojas de diferentes plantas, palitos o materiales que tenga a mano, esta persona elabora un dibujo en el suelo, con formas geométricas, a veces florales, con círculos o espirales, traza una imagen parecida a un mandala dejándose llevar por su inspiración. Mientras elabora este dibujo, medita. Se centra y dice algo así como:

—Hola, sol que naces de nuevo. Gracias por salir. Gracias, vida, por este nuevo día que empieza. Gracias porque estoy vivo y aquí. Doy la bienvenida a todo lo que hoy me llegue, a los nuevos aprendizajes, a las personas que van a entrar en mi casa, a lo alegre y a lo triste que viva hoy. Me siento agradecido por estos dones.

Así empieza esta persona su jornada y vive plenamente su día conectado a la gratitud y consiguiendo autonomía energética. Sabe que la vida es un don. El dibujo realizado da la bienvenida a todas las personas que aquel día entrarán en su casa.

A la mañana siguiente, cuando el sol despunta, borra el dibujo que tan cuidadosa y creativamente había realizado. No importa que fuera magnífico ni maravilloso ni tampoco el trabajo invertido. Se desprende de él sin dudar. Es el dibujo del día anterior y ya no sirve. Ayer ya pasó. Hoy es otro día. No vale vivir de rentas del pasado. Cada día tiene su propio dibujo.

Y así vuelve a meditar con conciencia, abre su corazón y su mente a lo que le regalen sus nuevas veinticuatro horas, y con atención plena crea un nuevo y maravilloso dibujo, consciente de que es un único y que nunca habrá otro igual. Kolam es renovación diaria y celebración de la vida.

Lo que hoy elijo

Se dice que el discípulo de un venerable sabio estaba extrañado y sorprendido de que su maestro estuviese siempre sonriente y feliz a pesar de las dificultades que vivía. Intrigado, un día, le dijo:

—Maestro, ¿cómo es que siempre se te ve tan contento y satisfecho?

El maestro le dijo:

—Amigo mío, no hay secreto alguno en esto. Cada mañana cuando me despierto me hago esta pregunta a mí mismo: «¿Qué escojo hoy? ¿Alegría o tristeza?». Y siempre escojo alegría.

VISIÓN

....

Kolam: ritual de conciencia, bienvenida a la vida y gratitud

....

Bienvenida, vida. Hola a todo lo que este nuevo día nos va a aportar. Adiós a lo pasado, a lo viejo, caduco, y que ya no es. Nos desprendemos, nos vaciamos, para hacer espacio al presente y a todo lo que nosotros podamos crear y hacer nacer. Obertura a uno mismo, a las personas con las que hoy nos vamos a relacionar, a los aprendizajes y oportunidades. ¿Somos conscientes de lo afortunados que somos y del don enorme que es vivir? Somos afortunados de haber nacido, de vivir, sentir, pensar, compartir, relacionarnos y crear; la gran suerte de ser alguien en lugar de nada. Kolam nos conecta a la conciencia y a la gratitud.

Hoy estás vivo. ¿Te das cuenta? Cada mañana abres tus ojos y hallas todo un mundo a tu alrededor. Luz, colores, formas, movimiento, sonido… Te levantas ¿Te das cuenta? aún puedes valerte por ti mismo. ¿Valoras la suerte de estar vivo? Por dura que sea tu vida, la alternativa, «el no vivir», «el no ser», ¿acaso no es peor?

Cada día tienes veinticuatro horas a tu disposición para crear, para sonreír, abrazar, cantar, hablar, relacionarte, construir, ayudar, comprender, aprender, abrir, amar, soñar, ilusionarte, mejorar, cuidar, consolar, acompañar, mirar, escuchar, oler, tocar, crear… ¿Te das cuenta? ¿Estás atento a tantas oportunidades?

Sólo quien se da cuenta de un don tiene la capacidad para agradecerlo. La gratitud es un sentimiento que parte del hecho de «ser conscientes» y, para serlo, es necesario practicar la atención plena.

La atención plena requiere centrarse, disciplina, dedicación. Lo contrario es la dispersión, la distracción, el «no darse cuenta», la inconsciencia, el desagradecimiento. Porque lo cierto es que si no te das cuenta de tus dones, no los vas a valorar ni a agradecer. Y una vida sin gratitud es una vida que carece de los mejores colores emocionales.

No se trata de dar un «gracias» general, convencional, ni apelar a la fórmula habitual de cortesía. Puedes expresar agradecimiento sin necesidad de recurrir a esta palabra. De todas formas, si te vales de ella sería bueno indicar el motivo: «Gracias por apoyarme hoy, gracias por dedicarme tu tiempo, por estar aquí cuando te necesito, por tu complicidad...». Cuando lo haces así repartes vitaminas emocionales a las personas que te rodean y refuerzas sus conductas adaptativas. Además colaboras en la creación de un clima emocional más positivo y en la mejora de todo el ecosistema del que formas parte: familia, sociedad, mundo.

El sentimiento de gratitud se expresa en forma de agradecimiento. Agradecer es todo lo contrario de «dar por supuesto». «Dar por supuesto» algo es una fuente de sufrimiento. ¡Qué pena si te das cuenta de lo afortunado que eres sólo cuando pierdes algo o alguien!

Se cuenta que a la escritora Colette, un día, tras visionar un fragmento de una película que se hacía sobre su infancia, alguien le comentó: «¡Qué afortunada se ve que era y qué niña feliz!». Parece que ésta le respondió: «Sí, ¿verdad que lo parece? ¡Lástima que no me diera cuenta!».

¡Despierta, date cuenta y agradece! Si quieres alimentarte emocionalmente en la fuente de gratitud debes cultivar la observación, la atención por los detalles y por las cosas pequeñas y grandes que recibes. Porque para agradecer algo debes ser consciente de que hay mucho que agradecer.

Palabras para la reflexión

≪ *Mañana nacerá un nuevo día. Mañana volveré a convertirme en vidente. Acercaré mis manos a las cosas. Haré girar la rueda de las estaciones: primavera, verano, otoño, invierno, da igual. Acompañaré a la luz hasta su desaparición y a la noche hasta su desgarro. Vestiré este mundo harapiento con un atuendo real, o más bien, conociendo mis verdaderos impulsos, le arrebataré algunos andrajos. Mañana volveré a valorar la suerte de estar vivo todavía.*

Pierre Sansot

≪ *La vida está llena de sufrimiento pero también está llena de maravillas: el azul del cielo, el sol, la mirada de un niño. Sufrir no es suficiente. Es necesario ponernos también en contacto con las maravillas de la vida. Están allí, dentro y fuera de nosotros mismos, en todas partes, en todo momento.*

Thich Nhat Hanh

≪ *Nuestro universo tiene la estatura de nuestros ojos interiores, la abertura de nuestra mente y de nuestro corazón, la conciencia de nuestros límites y de nuestras posibilidades de crear.*

Conangla & Soler

≪ *Proyectamos la esperanza en el futuro y está en el presente. La esperanza es descubrir esa dimensión invisible, misteriosa, bella de cada momento. Hay que profundizar.*

R. Panikkar

❮❮ *Sólo si nos detenemos a pensar en las pequeñas cosas, llegaremos a comprender las grandes.*

José Saramago

❮❮ *Desacostumbrarse a lo vulgar, y en lo noble, bello y bueno, vivir resueltamente.*

J. W. Goethe

❮❮ *Es una irresponsabilidad no aplicar los dones que nos han sido dados para mejorar nuestra vida.*

Conangla & Soler

❮❮ *La conciencia se disuelve en el contemplar.*

Hui Ming King

❮❮ *¡Vamos! ¡En pie! ¡Surge de ti mismo! ¡Escucha esta llamada! ¡Sí! ¡Escucha! ¡Despierta! Rompe tus cadenas. Sé tú mismo, sal de las sombras. Emerge. Arráncate de tu propia noche. ¡En pie! ¡En pie! ¡Endurécete! Que aparezca toda tu fuerza y que tus ojos sean más claros. Siéntete todo el instrumento de este día que ahora empieza y del acto que te llama.*

Paul Valery

❮❮ *El verdadero lugar de nacimiento es aquél donde por primera vez nos miramos con una mirada inteligente.*

Marguerite Yourcenar

Preguntas para crecer

- ¿Qué tres cualidades personales valoras especialmente?
- ¿Qué tres cosas encuentras especialmente bellas de tu alrededor?
- ¿Qué tres cosas te gusta mirar?
- ¿Cuántas veces dices gracias en un día? ¿A qué o a quién dices gracias?
- ¿Vives «de rentas» de lo que has hecho en el pasado? ¿Qué has creado de nuevo en el último año?
- ¿Qué tres cosas forman parte de lo mejor de tu vida? ¿Qué haces para mantenerlas e incrementarlas?
- ¿Practicas algún tipo de centramiento, contemplación o meditación? ¿En qué consiste? ¿Con qué frecuencia lo haces? ¿Qué resultados obtienes?
- ¿Das algo «por supuesto» en tu vida? ¿Qué es? ¿Podrías perderlo? ¿Puedes pensar cómo te sentirías si sucediera?
- ¿Qué tres grandes GRACIAS A LA VIDA darías en este momento?
- ¿A qué tres personas les debes un GRACIAS? ¿Por qué esperas a dárselas?

Ejercicios para pasar a la acción

¿Por qué soy feliz?

A diario durante treinta días anota en una hoja de papel los diez motivos por los que vale la pena tu vida, aquellas cosas que valoras especialmente y que son motivo de felicidad. A continuación da las gracias por cada uno de estos dones:

Mis motivos: (10)

Gracias por _____
Gracias por _____
Gracias por _____
Gracias por _____
Gracias por _____
Gracias por _____
Gracias por _____
Gracias por _____
Gracias por _____

¿Qué ha ido bien hoy?

- Al acabar cada día anota lo mejor que te haya sucedido. De esta forma alimentarás una fuente de energía positiva que te aportará bienestar y alegría de vivir.
- Escríbete una CARTA A TI MISMO agradeciendo todo lo que has hecho de bueno, bello, justo, amoroso y sabio durante esta semana.

Cometa CAPA

ÁREA EE Energías

CONCEPTOS Modelo CAPA / Sostenibilidad / Creatividad / Autonomía / Autoestima / Proactividad / Afectividad / Principio de libertad / Principio de responsabilidad

ACTITUDES Abertura / Equilibrio /Autocuidado / Constructividad

EMOCIONES Amor / Paz / Alegría / Valentía

Relatos

Como las cometas

Te pasas la vida tratando de hacerlas volar. Corres con ellas hasta quedar sin aliento. Caen al suelo. Chocan con los tejados. Tú las remiendas, las consuelas, las ajustas, y las enseñas. Observas cómo el viento las mece y les aseguras que un día podrán volar.

Finalmente vuelan. Necesitan más hilo y tú sueltas más y más, y sabes que muy pronto la bella criatura se desprenderá de la cuerda de salvamento que la ata y se elevará por los aires, como se espera que lo haga, libre y sola. Sólo entonces te das cuenta de que has hecho bien tu trabajo.

Erma Bombeck[1]

Volar sin dificultad

Una paloma volaba dificultosamente a causa del mucho viento que se le enfrentaba. En medio del esfuerzo se le apareció la Gran Paloma y le dijo:

—¿Qué quieres que haga por ti?

—Señora –dijo la paloma–, quita el viento para que pueda volar sin dificultad.

Así lo hizo la Gran Paloma. Y tan pronto el viento desapareció, la paloma se precipitó violentamente hasta chocar estrepitosamente contra el suelo.

---

1   Relato incluido en *Aplícate el cuento*. J. Soler & M. Conangla. Editorial Amat.

VISIÓN

···

Metáfora del «homo ecologicus»: modelo humano
emocionalmente ecológico y armónico

···

Una bella cometa CAPA. Éste es el modelo humano que propone la ecología emocional y que integra lo mejor de las características adquiridas como especie a lo largo de nuestra evolución: La persona Creativa-Amorosa-Pacífica-Autónoma. Y de la unión de una persona CAPA con la conciencia ecológica surge el homo ecologicus, *una forma más evolucionada de ser persona en el mundo que integra la dimensión afectiva, el don de la lucidez y la conciencia ecosistémica.*

Los cuatro ejes CAPA están interrelacionados entre ellos y deben desarrollarse de forma sincrónica, puesto que de no ser así se produciría un desequilibrio. Representamos este modelo en la forma de cometa porque el objetivo de ser una persona CAPA es que, metafóricamente «levantemos el vuelo», y exploremos todos los paisajes y posibilidades que la vida nos ofrece.

¿Eres un CAPA? ¿Estás en camino de serlo? ¿Estás dispuesto a trabajar en ello?

Ser una persona CAPA tiene muchas ventajas. En primer lugar serás alguien capaz de vivir tu vida con libertad y responsabilidad sin sentirte atado a los convencionalismos, a los juicios externos y al qué dirán. Serás el líder de tu vida. Tú escribes el guión y diriges y vives tu obra. Afuera queda la etapa en la que otros decidían por ti qué tipo de persona debías ser y qué debías hacer con tu vida.

El desarrollo de las características CAPA funciona como una vacuna emocional, una forma de protección ante la contaminación emocional del medio. Como si fuera un *paraguas antibasura afectiva* no permite que penetre en tu interior la lluvia ácida que algunas personas puedan lanzar contra ti.

¿Qué significa y qué ventajas supone elegir ser un CAPA?

Persona Creativa: con capacidad para buscar los mejores recursos y soluciones a los retos que se te plantean. Una creatividad orientada por valores positivos en lugar de movida por la ambición, el egoísmo, el afán de poder, la discriminación, o el éxito. La persona creativa es flexible, capaz de deshacer y rehacer su mapa mental cuando aparecen elementos nuevos o cambios inesperados. Es alguien que en el dilema inicial, ¿crear o destruir?, ha optado claramente por la primera opción.

Persona Amorosa: elige el amor como la máxima fuerza creadora, como el sentimiento más difícil de construir y la conducta más difícil de adoptar consciente de que es la energía que nos puede salvar. La persona amorosa dedica su vida a cultivar y perfeccionar el difícil arte de amar: conocimiento, responsabilidad, respeto, compromiso, cuidado y comunicación. Incorpora buenas dosis de ternura a sus acciones cotidianas, un elemento que humaniza, suaviza y cura. Porque sin amor la inteligencia nos hace perversos; la justicia, implacables; el éxito, arrogantes; la autoridad, tiranos y la ley, esclavos.

Persona Pacífica: pero no amorfa ni pasiva. No rehúye el conflicto ni los problemas, sino que los enfrenta, sin agredir ni lesionar a los demás o a sí misma. Tiene conocimiento y autocontrol de sus emociones y sabe darles una salida adaptativa. Es asertiva, habla desde el yo, sin juzgar a los demás, compasiva y solidaria, que aprende, escucha, calla y se expresa cuando es preciso. Un ser pacífico que no contamina emocionalmente porque se conecta a energías ecológicas, limpias, renovables y sostenibles; entrenado para buscar soluciones pacíficas a los conflictos que se le presentan.

Persona Autónoma: una persona en continuo proceso de mejora, que construye su proyecto de vida. Capaz de vivir momentos de silencio y soledad –aunque no aislada ni desconectada– y de convivir sin ahogar ni dejarse oprimir. Alguien que se autolidera y se respeta a sí mismo: consciente de sus necesidades, deseos, pensamientos, valores y emociones, y que no utiliza a los demás como medios para llenar su vida. Una autonomía que incluye tres niveles:

- *Autonomía funcional:* capacidad para realizar el mantenimiento de sus necesidades vitales y moverse fluidamente en la compleja sociedad actual.
- *Autonomía intelectual:* capacidad para pensar, deducir, analizar, discriminar, valorar y elegir sin que otros lo hagan en su lugar.
- *Autonomía emocional:* conocimiento de sí mismo, autocontrol, capacidad de conectarse a fuentes emocionales limpias y renovables, empatía y habilidades de relación.

Si eres un CAPA vas a construir un espacio interior armónico en el cual razón y emoción unan sus fuerzas fomentando acciones más empáticas, generosas y solidarias hacia los demás y hacia el mundo. Y si bien no es fácil serlo, es posible conseguirlo. ¡Deja que vuele tu cometa!

PALABRAS PARA LA REFLEXIÓN

« *El corazón en paz es una fiesta en todas las aldeas.*
Proverbio hindú

« *No hay un camino para la paz, la paz es el camino.*
GANDHI

« *A un discípulo que siempre estaba quejándose de los demás le dijo el Maestro: «Si es paz lo que buscas, trata de cambiarte a ti mismo, no a los demás. Es más fácil calzarse unas zapatillas que alfombrar toda la tierra».*
Tradición budista zen

« *Quiero que todo el mundo sepa que he mudado / la piel otra vez / y que, quizás porque navego / contra corriente del tiempo y de las modas, / ahora creo más que nunca / en la bondad de los hombres / y en un futuro de paz y ternura.*
MIQUEL MARTÍ I POL

« *La creatividad es muy importante en la vida de uno: te da diversidad. Si eres creativo, pruebas diferentes maneras de hacer las cosas. Si eres creativo, desde luego, cometes montones de errores. Pero si tienes la valentía de continuar a pesar de tus errores, obtendrás la respuesta.*
BILL FITZPATRICK

« *Viaja hondo dentro de ti mismo. Encuentra ese tesoro conocido por tu nombre. Observa este tesoro. Los recursos del universo, los tienes todos. Puedes ver, pensar, oír, saborear, oler, moverte, escoger lo que necesitas, dejar pasar lo que algu-*

na vez fue esencial para ti y ya no encuentra lugar. Ahora di para ti mismo: «Soy capaz, puedo hacer lo que me propongo. Obtengo energía por estar sobre la tierra, por mi conexión con el cielo, por mis relaciones con los demás. Soy capaz, apto, puedo, valgo».

VIRGINIA SATIR

Nuestro mayor miedo es que somos más poderosos de lo que nos imaginamos. Es nuestra luz, no nuestra oscuridad, lo que nos aterra. Nos preguntamos, ¿quién soy yo para ser brillante, estupendo, listo y fabuloso? En realidad la pregunta es, ¿quién eres tú para no serlo?

CHARLES HANDY

Anhelo cumplir grandes y nobles tareas, pero mi deber principal es cumplir las tareas pequeñas como si fueran grandes y nobles.

HELLEN KELLER

No sigas los senderos que otros trazaron. Busca tu propio camino y deja en él tu huella.

BUDA

La luna y el amor, cuando no crecen, disminuyen.

Dicho popular

Preguntas para crecer

- ¿Qué estás creando en estos momentos en tu vida?
- ¿Hasta qué punto estás dispuesto a introducir cambios en tu vida a fin de mejorarla? ¿Qué estás dispuesto a arriesgar?
- ¿Eres capaz de considerar una situación desde por lo menos tres puntos de vista diferentes?
- ¿Qué cinco cosas amas del mundo en el que vives?
- ¿Con qué conductas concretas manifiestas este amor?
- ¿Qué o a quién estás cuidando en este momento?
- ¿Qué haces para aumentar el nivel de bienestar contigo mismo?
- ¿Cuál es tu forma de actuar si te encuentras en una situación de conflicto con otra persona?
- ¿Qué tipo de emociones sientes y cómo las gestionas?
- ¿Qué haces para eliminar «tus basuras emocionales» que generas a diario? ¿Las acumulas? ¿Te deshaces de ellas de cualquier forma o tienes presente evitar contaminar a los demás?
- ¿Qué decisiones importantes de tu vida han sido «decididas por otros»? ¿Cuál ha sido su impacto?
- ¿Cómo piensas que puedes mejorar tu nivel de autonomía emocional?
- Si fueras una cometa... ¿en estos momentos donde te visualizarías: en el suelo, iniciando un vuelo inseguro, volando cada vez más alto y libre?

EJERCICIOS PARA PASAR A LA ACCIÓN

Os proponemos reflexionar sobre vosotros mismos apelando al modelo CAPA de la ecología emocional.[2] El cuestionario que proponemos pretende ser un recurso para pasar a la concreción en forma de conductas concretas que revelan cómo estamos desarrollando las diferentes características. Lo importante es detectar dónde sentimos que nos hallamos en este momento para avanzar y ampliar nuestra «cometa CAPA» en vistas a construirnos como seres más equilibrados y armónicos, valientes para vivir una vida elegida desde la libertad y la responsabilidad.

Instrucciones

- Coloca en el cuadro las puntuaciones que te das a ti mismo en cada uno de los ítems de observación que siguen a continuación.
- Las puntuaciones que *te puedes dar en cada ítem oscilan entre 0-0'25-0'5-0'75-1* en función del nivel en que compartas cada afirmación del cuestionario. Responde espontáneamente. Si bien todo puede ser relativo se trata de que respondas basándote tus tendencias habituales.
- Calcula el total y marca la cifra de cada característica CAPA en la cometa. Une los puntos y tendrás el perfil de tu «cometa CAPA» actual.

---

2   Extraído del libro *Ecología emocional para el nuevo milenio*. CONANGLA & SOLER. Zenith.

- Marca con una línea más gruesa el camino que vaya desde donde te ves actualmente hasta la cifra «10» del dibujo. Éste es tu camino y oportunidad de mejorar.

	1	2	3	4	5	6	7	8	9	10	total
Creativa											
Amorosa											
Pacífica											
Autónoma											

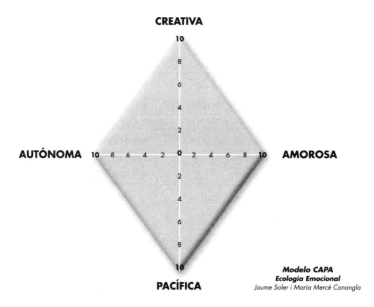

CREATIVA

AUTÓNOMA

AMOROSA

PACÍFICA

Modelo CAPA
Ecología Emocional
Jaume Soler i Maria Mercè Conangla

	Creativa	Amorosa
1	Soy capaz de ver la misma realidad desde perspectivas muy diversas	Siento un gran respeto por la vida y sus manifestaciones y cuido de ella
2	Busco soluciones alternativas cuando un camino se me bloquea	Expreso el amor, la ternura y la compasión que siento
3	Evito la rutina en mis relaciones personales	Soy solidario con las personas con las que comparto camino
4	Me gusta explorar nuevas posibilidades y asumir nuevos retos	De forma habitual abrazo, doy y me permito recibir caricias
5	Suelo relacionar conocimientos y habilidades diversas para hacer algo nuevo	Mido mis palabras y cuido de cómo digo las cosas para evitar violencia innecesaria
6	Me nutro culturalmente con regularidad: arte, música, cine, pintura, lectura…	Dedico tiempo cada día a atender o escuchar a alguna persona que lo requiera
7	Busco y creo espacios bellos en mi vida interior y exterior	Me recuerdo a diario todos los motivos de gratitud y felicidad que hay en mi vida
8	Practico alguna forma de arte aunque sea por afición	Me mantengo al corriente de lo que viven mis amigos y les doy apoyo
9	Cuido los detalles y soy sensible a mis necesidades y a las de los demás	Considero que ninguna persona puede ser una posesión
10	Me reconozco a mí mismo como persona creativa	Siento amor por la persona que soy y me responsabilizo por mejorar cada día

Pacífica	Autónoma
Busco soluciones no agresivas a los conflictos que se me plantean	Trabajo para formar mi propia opinión ante un tema o situación
Soy capaz de perdonar y de perdonarme. La reconciliación es un valor en mi vida	Si pienso diferente a mis interlocutores lo expreso asertivamente
Hablo desde el yo y asumo la responsabilidad de lo que comunico	Me doy permiso para sentir lo que siento
Evito juzgar y etiquetar a los demás	Ejerzo un buen nivel de autocontrol de mis impulsos
Conozco y aplico por lo menos cinco formas diferentes de tranquilizarme	Aplico mi fuerza de voluntad para conseguir mis objetivos y sueños
Soy capaz de gestionar mi caos emocional sin usar a otra persona para desahogarme	Establezco relaciones basadas en el respeto y la libertad responsable y no en la necesidad
Trabajo activamente para que se generalice la cultura de la paz	Suelo ser resolutivo y no aplazo las decisiones excesivamente
Intento resolver mis conflictos interpersonales en un plazo de 24 horas	No dependo de la aprobación de los demás para hacer lo que creo preciso
Entiendo que ser pacífico no significa aceptarlo todo sino ser proactivo desde la serenidad	Autogestiono a diario mis basuras emocionales
Aplico los principios de Aristóteles[3] para expresar lo que siento o pienso	Asumo que soy responsable de la persona que soy y de la vida que tengo

3   Persona adecuada, momento adecuado, propósito justo y forma correcta.

Conservas emocionales

ÁREA EE Energías emocionales

CONCEPTOS Energía limpia, renovable y ecológica /
Vitaminas emocionales / Generosidad emocional /
Sostenibilidad afectiva / Reciclaje afectivo

ACTITUDES Atención plena / Escucha activa /
Conciencia / Apertura a la vida / Receptividad

EMOCIONES Gratitud / Alegría / Afecto / Ternura / Amor

RELATOS

Satisfacciones

La primera mirada por la ventana al despertarse
el viejo libro vuelto a encontrar
los rostros entusiasmados
nieve, el cambio de estaciones
el periódico, el perro, la dialéctica
bañarse, nadar, música antigua
zapatos cómodos,
comprender
música nueva
escribir, plantar, viajar, cantar
ser amable.

BERTOLT BRETCH

Pan y una rosa

Una mañana llegó a las puertas de la ciudad un mercader árabe y allí se encontró con un pordiosero medio muerto de hambre. Sintió pena por él y lo socorrió dándole dos monedas de cobre.

Horas más tarde los dos hombres volvieron a coincidir cerca del mercado:

—¿Qué has hecho con las monedas que te he dado? –le preguntó el mercader.

—Con una de ellas me he comprado pan, para tener *de qué* vivir; y con la otra me he comprado una rosa, para tener un *para qué* vivir.

VISIÓN

Metáfora que representa la reserva de buenos momentos
y vitaminas emocionales que guardamos
en nuestra memoria

Reservas emocionales reconfortantes, recuerdos de situaciones vividas gratificantes que hemos guardado y almacenado en nuestra memoria emocional para acudir a ellas en situaciones menos favorables. Pueden aportarnos energía complementaria en momentos de crisis y dificultad.

Si bien es importante tener de qué vivir, es esencial para nuestra salud psicoecoafectiva tener un para qué vivir. El ser humano se diferencia de los animales porque busca el sentido de su existencia. Centrar nuestra vida en la satisfacción de nuestras necesidades más básicas no es suficiente para tener energía y motivos para vivir. La capacidad de captar y valorar la belleza y bondad de lo que nos rodea y de dejarnos extasiar por ellas, hace de nuestro camino un espacio para el gozo y el descubrimiento del placer ético y estético.

¿Cuántas veces has pensado que tu vida era difícil? ¿Cuántas veces has pensado que no tenías los recursos necesarios para hacer frente con éxito a lo que estabas viviendo? ¿Cuántas veces te felicitas cada día? ¿Cuántas veces te das las gracias?

Piensa en tu infancia y en las personas que te han educado o influido. ¿Cómo se comunicaban contigo? ¿Te daban mensajes positivos o dominaban los negativos? ¿Cómo te hablas a ti mismo cada día?

Los mensajes que has recibido desde que naciste han colaborado en tu construcción y han creado en tu mente filtros que seleccionan tu realidad. Así, ya de adulto puedes tender a ver lo positivo o lo negativo; a buscar lo mejor de las personas o a centrarte en lo peor; a lanzar palabras-puente o palabras-dardo cuando te comunicas; a recordar las mejores experiencias o a centrarte sobre todo en lo que ha ido mal. En función de cuál sea tu estilo de relación contigo mismo, con los demás y con el mundo, colaborarás en la creación de un buen clima emocional o generaras sufrimiento.

Todo lo bueno, estimulante, valioso y bello que te llega puede grabarse en tu memoria emocional. Para hacerlo será preciso que estés atento y receptivo, vivas con consciencia cada momento presente y afines tu sensibilidad. Con todo este material puedes fabricar conservas emocionales y guardar en tu memoria todo lo bueno, noble y amoroso que llega a tu vida, siendo consciente de que son dones preciosos y únicos que jamás volverán de la misma forma. Así pues, de forma parecida a lo que hacen los payeses y agricultores cuando hay buenas cosechas, puedes hacer *botes de mermelada de buenos momentos* para poder apelar a estas reservas cuando tengas un día difícil, estés sin energía o te cueste ver lo positivo de tu vida.

Estas reservas te ayudarán a superar momentos difíciles y también a emprender aquellos retos que te propongas. Actúan también como vitaminas emocionales aportando una dosis extra de energía limpia, renovable y ecológica.

Te proponemos que, a parte de dártelas a ti mismo, regales muchas vitaminas emocionales a quienes te rodean para que ellos puedan fabricar muchos botes de conservas. Son vitaminas afectivas: una sonrisa, un abrazo, un «te quiero», dar las gracias, reconocer que algo se ha hecho bien, un refuerzo positivo, un ¡venga, adelante, que tú puedes!, una caricia, una mirada cálida… Todo ello está a tu disposición, es gratuito y no se acaba por más que lo repartas. Y lo mejor de todo, tus relaciones, como si de plantas se tratara, van a florecer y a dar fruto en cantidad.

PALABRAS PARA LA REFLEXIÓN

No se recuerdan los días, se recuerdan los momentos.
CESARE PAVESE

Eso fue alguna vez porque recuerdo que fue cierto.
JAIME SABINES

Hay momentos en la vida cuyo recuerdo es suficiente para borrar años de sufrimiento.
FRANÇOIS-MARIE AROUET

Quien tiene recuerdos felices de su infancia está salvado para siempre.
FEDOR DOSTOIEVSKY

En la vida hay momentos en que tú defines el momento o el momento te define.
Anónimo

Aprender a vivir es aprender a mirar con ojos nuevos los paisajes de cada día.
MARIA MERCÈ CONANGLA

≪ *Lo que suele aprenderse es que la vida es como una enorme prosa, llena de cosas rutinarias, obligaciones pesadas que nos caen encima para no morir de hambre, y hay que aprender que la vida está hecha también para el placer, para maravillarse, para amar, para comunicar…, esto también es la vida.*

EDGAR MORIN

≪ *El sistema humano no funciona correctamente si sólo satisface sus necesidades materiales y no aquellas necesidades y aptitudes que le son propias, específicamente humanas, como el amor, la ternura, la razón y la alegría.*

ERICH FROMM

≪ *Una sonrisa no cuesta nada y rinde mucho. Enriquece al que la recibe sin empobrecer al que la da. No dura más que un instante, pero, a veces, su recuerdo es eterno. Nadie es demasiado rico para prescindir de ella, nadie demasiado pobre para no merecerla. Es el símbolo de la amistad, da reposo al cansado y anima al deprimido. No puede comprarse, ni dejarse, ni robarse, porque no tiene valor hasta que se da. Y si alguna vez encuentras a alguien que no sabe dar una sonrisa: sé generoso, dale la tuya. Porque nadie tiene tanta necesidad de una sonrisa como aquella persona que no sabe darla a los demás.*

GANDHI

≪ *Unos persiguen la felicidad, otros la crean.*

JAUME SOLER

PREGUNTAS PARA CRECER

- ¿Qué momentos felices recuerdas de tu vida?
- ¿Cuál es el hecho del que te sientes más orgulloso?
- Cuando las cosas te salen bien, ¿por qué crees que es? ¿Y cuando te salen mal?
- ¿Cuál es tu último recuerdo de momento feliz? ¿Qué aportaste de ti mismo para que fuera posible?
- ¿Puedes pensar en los diez aspectos que más te gustan de ti mismo?
- ¿Qué cualidad o característica personal te ha ayudado más en la vida? ¿La aplicas a menudo?
- ¿Qué significa para ti vivir con intensidad?
- ¿Qué le agradeces a la vida? ¿Qué te agradeces a ti mismo?
- ¿Qué hay de bello en tu vida? Qué hay de bello en ti? ¿Puedes describirlo?
- ¿Para quién puedes fabricar botes de mermelada de buenos momentos? ¿Puedes elegir una persona a quien ames de forma especial? ¿Qué momentos compartidos especiales has vivido con ella? ¿Le has dado las gracias por ellos? ¿A qué esperas?

EJERCICIOS PARA PASAR A LA ACCIÓN

Una selección de mis mejores mermeladas

Busca un bote de cristal con tapa. Puedes decorarlo a tu gusto, incluso vestir la tapa con una tela, al modo de un bote de conserva antiguo.

Escribe en hojitas de papel aquellas cosas que te han sucedido que te hayan hecho feliz, un recuerdo, un logro por pequeño que sea y las vas introduciendo en el bote. Tápalo con mimo.

Déjalo a mano junto a una libreta pequeña o un taco de papel. Cada vez que te suceda algo bueno escríbelo y lo introduces en el bote.

Pon una etiqueta en el frasco indicando la composición de tu conserva, por ejemplo, qué emociones contiene: 20 por 100 de ilusión, 30 por 100 de ternura, 30 por 100 de gratitud, 20 por 100 de alegría.

Conseguirás una conserva emocional estupenda para aquellos momentos en que necesites recordarte que la vida vale la pena. Cuando estés triste o te falte energía, abre el frasco y lee un papel. Así recordarás que en la vida hay muchas cosas valiosas aunque en aquel momento te cueste verlas.

Variedades de mermeladas
- Mermelada de mis buenos momentos
- Mermelada de mis mejores momentos contigo
- Mermelada de mis mejores recuerdos de ti
- Mermelada de tus cualidades
- Mermelada de agradecimientos a la vida
- Mermelada de amigos
- Mermelada de paisajes
- Mermelada de palabras dulces
- Mermelada de canciones motivadoras

A utilizar para regalar en ocasión de: cursos, aniversarios, despedidas, Navidades, «porque sí», como regalo a ti mismo o a alguien a quien ames.

Una bebida aromática muy especial

Si tu vida fuera una bebida aromática formada por cinco ingredientes secretos muy especiales... ¿Cuál sería su fórmula? ¿Cuál sería el ingrediente básico? ¿Puedes colocar en el recuadro el tanto por ciento del resto de ingredientes?

Responde a estas otras cuestiones acerca de esta bebida tan especial:

- ¿Qué NOMBRE figuraría en la etiqueta?
- ¿Cuál es su precio? ¿Cuál es su valor?
- ¿Tiene fecha de caducidad?
- ¿De qué color es? ¿Cuál es su sabor? ¿Qué aroma tiene?
- ¿Lleva colorantes o conservantes? ¿Cuáles son?
- ¿En qué tipo de envase va presentado? ¿Quién puede disfrutar de esta bebida?

RENOIR

ÁREA EE Energías emocionales

CONCEPTOS Principio de coherencia / Principio de conservación / Principio de acción / Ley de la gestión de los recursos afectivos / Fuente de energía emocional / Canalización de la energía / Objetivos adaptativos / Sostenibilidad emocional / Gestión de las pérdidas

ACTITUDES Afrontamiento / Valoración de la belleza / Esfuerzo / Perseverancia / Dedicación / Voluntad / Sentido de vida / Aceptación de la vulnerabilidad / Generosidad / Creatividad

EMOCIONES Sufrimiento / Valentía / Amor a la vida / Esperanza / Ilusión

RELATOS

Belleza y dolor

A pesar de que Henri Matisse era casi treinta años menor que Auguste Renoir, los dos grandes artistas eran amigos entrañables y con frecuencia disfrutaban de su mutua compañía. Cuando, en la última época de su vida, Renoir ya no salía de casa, Matisse lo visitaba casi diariamente.

Renoir, casi paralizado por la artritis, seguía pintando. Un día, mientras observaba al anciano artista en su estudio luchando penosamente para dar cada pincelada, Matisse exclamó:

—Auguste, ¿por qué sigues pintando en medio de semejante dolor?

—¡Ah…,querido amigo! –respondió Renoir con sencillez–, el dolor pasa, pero la belleza perdura.

Una de sus más famosas pinturas, *Las bañistas,* la terminó dos años antes de morir, tras catorce años de estar sufriendo la debilitante enfermedad.

Daría mi vida

Cuentan que después de un gran concierto se acercó una señora entusiasmada al famoso maestro guitarrista Andrés Segovia para felicitarlo por su actuación:

—Maestro, yo daría mi vida para poder tocar la guitarra como usted lo hace.

—Esto es precisamente lo que yo he dado, mi querida señora.

....

El dolor pasa, pero la belleza perdura

....

Ésta es la metáfora Renoir. Cuando nosotros decimos «Renoir» hacemos referencia a esta idea de fuerza. Este mensaje de un maestro que nos ha legado mucha belleza y también una visión poderosa. Nos habla de la importancia de perseverar en aquello que realmente vale la pena y ser coherentes con nuestro sentido de vida.

El dolor físico puede ser aliviado con medicamentos. En cambio el sufrimiento, el dolor emocional, puede persistir a pesar de todo. Es preciso hacernos más competentes en la gestión de las situaciones de sufrimiento, aprendiendo a identificar lo que sentimos y a darle una salida creativa en lugar de permitir que nuestras emociones caóticas vinculadas al dolor sean las que dirijan nuestra vida. Porque cuando son ellas las que mandan nos llevarán hacia la destrucción. Elegir «crear» es ecológico, inteligente, necesario y urgente, pero no se improvisa cuando ya estamos en medio de un «naufragio». Nuestra tarea es invertir en prevención. La práctica de esta metáfora va en esta línea.

Los vientos huracanados del sufrimiento pueden arrancar todo aquello por lo que has estado luchando en tu vida. Inesperadamente, te enfrentas al vacío o al desierto emocional. Todo aquello que parecía ir bien en tu vida, todas las seguridades, lo que considerabas indestructible, lo que pensabas que estaba bien afianzado… desaparece de repente y te sientes impotente y desconcertado al mismo tiempo. Miras el territorio donde antes anidaban ilusiones y proyectos y lo ves desierto y lleno de materiales en ruinas. Es el paisaje de la devastación que te puede conducir a la desesperanza, la frustración, la impotencia, el miedo, la ira y la rabia que siguen a las situaciones de pérdida y duelo.

Cuando aparece el desánimo en tu vida te quedas sin energía útil. Todo se vuelve arduo y pesado. Es como si te hubieran desconectado del flujo de la vida. Pasivo, puedes ceder al dolor y regodearte en él. Si no eres capaz de ver o crearte alicientes, te quedas sin luz y color. Tal vez te plantees si vale la pena continuar.

Es preciso que te reconectes a fuentes de energía emocional ecológicas que te recuerden la importancia de estar vivo, del privilegio de ser cocreador de este mundo incluso en la enfermedad o en los momentos más difíciles y dolorosos.

Piensa en Renoir, que se agarraba a la vida agarrándose con fuerza a sus pinceles para crear belleza. Y lo hacía porque hacerlo así le conectaba al flujo de energía inagotable del sentido de la vida. Al crear, la mente entra en un estado de «flujo» y centramiento que incluso es capaz de aliviar el dolor físico.

¿Cuál es tu sentido? ¿Desarrollas tu capacidad de crear belleza? Todos la tenemos y es importante que descubras la tuya, antes de que te halles en alguno de los múltiples paisajes de sufrimiento y desierto que por el mero hecho de vivir vas a tener que cruzar.

Recuerda que todo lo bello, noble, bueno y sabio que tú eres capaz de crear será tu salvavidas en estos momentos de dificultad. Empieza hoy si aún no has empezado este camino. Y no hablamos de producir obras de arte en el sentido literal. Toda tu vida puede serlo.

Cada vez que haces algo conectado a emociones ecológicas como la gratitud, la alegría, la amistad, el amor, la ternura, la compasión, la generosidad... produces belleza, mejoras los territorios que habitas, generas positividad y un buen clima emocional, te vinculas armónicamente y desde la libertad y el respeto con los demás. En definitiva, mejoras el mundo con tu creación. Esto es ARTE y del mejor: EL ARTE DE VIVIR.

El dolor y el sufrimiento acaban pasando. La belleza de tu legado es lo que va a perdurar cuando tú ya no estés en el mundo.

PALABRAS PARA LA REFLEXIÓN

Querido amigo: ¿usted no ve como todo lo que sucede es siempre un comienzo? ¡Y comenzar, en sí, es siempre tan hermoso! Deje que la vida le acontezca. Créame: la vida tiene razón en todos los casos.

RAINER MARIA RILKE

Entiendo bien a las bordadoras que lo son por dolor o a las que hacen punto de media porque hay una vida que vivir. Mi vieja tía hacía solitarios durante el infinito de la velada. Estas confesiones de sentir son mis solitarios [...]. Me desenrollo como una madeja multicolor, o hago conmigo mismo figuras de cordel, como las que se tejen en las manos extendidas y se van pasando de un niño a otro. Me preocupo sólo de que el pulgar no falle el nudo que le toca. Después vuelvo la mano y la imagen queda diferente y vuelvo a comenzar.

FERNANDO PESSOA

Sean enfermedades terminales, degenerativas o agudas, la comunicación, sensibilidad y humanidad será lo que marque la diferencia, lo que va a permitirnos transitar por caminos llenos de soledad y sufrimiento emocional o por rutas de crecimiento personal y amor hasta el último momento.

CONANGLA & SOLER

Hemos dejado de ver el propósito. Admitámoslo, aunque tan sólo sea en un susurro, sólo para nosotros mismos: en esta carrera de la vida o velocidad desenfrenada, ¿para qué estamos viviendo?

ALEXANDER SOLCHENITSYN

Las lágrimas son el drenaje del alma. No sólo limpian los ojos sino que nos libran de otras adherencias.

CARME SENSERRICH

Lo más artístico e interesante que hay en la vida es construir la propia bondad.

JAVIER SÁDABA

La única alegría del mundo es comenzar. Es bello vivir porque vivir es comenzar, siempre, a cada instante. Cuando falta este sentimiento –prisión, enfermedad, costumbre, estupidez– querríamos morirnos.

CESARE PAVESE

Nos han dicho que mientras hay vida hay esperanza. Yo digo que es al revés: sólo si hay esperanza, hay vida.

EMILI LLADÓ

La paz no es un don ni una cima inaccesible sino el recomenzar de muchas primaveras, la voluntad y el riesgo de amar y de comprender.

MIQUEL MARTÍ I POL

Desacostumbrarse a lo vulgar, y en lo noble, bello y bueno, vivir resueltamente.

J. W. GOETHE

PREGUNTAS PARA CRECER

- ¿Qué valoras de la belleza del mundo que te rodea?
- ¿Qué hay de bello en la casa que habitas?
- ¿Qué encuentras bello de la persona que eres?
- ¿Qué aporta equilibrio a tu vida? ¿Haciendo qué actividades desconectas tu pensamiento y te centras en el aquí y el ahora? ¿Con qué frecuencia te dedicas a ellas? ¿Por qué?
- ¿Cómo actúas cuando algo o alguien te hacen sufrir? ¿Lo rehúyes, lo enfrentas, te defiendes, atacas?
- ¿Puedes pensar en algún momento en el que hayas solucionado algo difícil que te causaba sufrimiento de una forma creativa? ¿Qué cualidades tuyas tuviste que aplicar en esta situación? ¿Qué emociones sentiste al superarlo?
- ¿Cuál ha sido la etapa de tu vida en la que has padecido mayor nivel de sufrimiento? ¿Cómo la superaste? ¿Con qué recursos lo lograste? ¿Pediste la ayuda de alguna persona?
- ¿Has acompañado a alguna persona en su momento de sufrimiento? ¿Cómo te has sentido?
- ¿Qué dolor ya ha pasado en tu vida? ¿Qué cosa bella aún perdura después de haberlo vivido?

EJERCICIOS PARA PASAR A LA ACCIÓN

La pregunta del sabio

Hoy os habéis reunido algunas personas para escuchar a un sabio. Tú piensas que es una gran oportunidad para averiguar qué puedes hacer para reducir el nivel de sufrimiento que en estos momentos hay en tu vida y aumentar el bienestar emocional, el equilibrio y la armonía interior.

Cuando llega tu oportunidad, escucha lo que le planteas, con mucha atención y luego te lanza estas preguntas:

- ¿Qué hubieras podido aportar de «bueno, bello y noble» a este mundo y que hasta hoy no has aportado?
- ¿Por qué no te diste la oportunidad de hacerlo?
- ¿A qué esperas para empezar?
- ¿Puedes pensar tres acciones concretas para dejar algo en este sentido como tu legado a la vida?
- ¿Cuándo vas a empezar a ponerlas en práctica?
- ¿Puedes fijarte una fecha concreta?

Un museo muy vivo

Imagina que existe un museo muy especial, siempre abierto, vivo, en cambio. Es el museo de tu vida. Hoy tienes la posibilidad deshacer un catálogo de las mejores piezas y obras de arte para exponerlas en su sala principal. Te proponemos que respondas a estas preguntas:

- ¿Cómo sería el edificio que albergaría el MUSEO DE TU VIDA? ¿Cómo lo imaginas? ¿Dónde estaría? ¿Cómo sería su forma, su arquitectura, su aspecto exterior e interior?
- ¿Cómo imaginas la sala principal del edificio?
- ¿Qué diez piezas valiosas y muy especiales –pinturas, esculturas u otras formas de arte– colocarías en ella? Imagina qué momentos, acciones o realizaciones de tu vida representarían.
- ¿Puedes dar nombre a cada obra de arte? ¿Qué comentario de tres líneas figuraría en el catálogo debajo de dicho nombre?
- ¿Qué emociones y sentimientos crees que expresan cada una de las obras que vas a exponer?
- ¿Cómo fuer el proceso de creación de cada una de estas mejores piezas de tu vida? ¿Cuánto tiempo, esfuerzo, dedicación invertiste para lograrlo? ¿Con qué materiales intangibles está creada?
- ¿Qué valor tiene para ti cada una de estas obras maestras?

Comentario

¿De qué has tomado consciencia al realizar este ejercicio? ¿Qué puntos fuertes has detectado en ti mismo? ¿Has hallado algún punto de mejora? ¿Cuál?

Las 4 R's de la sostenibilidad

R + R + R + R

ÁREA EE Energías emocionales

CONCEPTOS Las 4 R's / Principio de responsabilidad / Principio de conservación / Principio de acción / Principio de Sostenibilidad / Ley de la gestión de los recursos afectivos / Inteligencia emocional / Gestión de los cambios / Trasformación

---

ACTITUDES Responsabilidad / Compromiso en la mejora del mundo / Generosidad / Austeridad emocional / Colaboración / Desprendimiento / Austeridad / Aceptación / Paciencia / Voluntad

---

EMOCIONES Incertidumbre / Valentía / Empatía / Ternura / Compasión

Relatos

Su éxito es mi éxito

Un hombre tenía un sembrado de flores estupendas; cada día salían de su cultivo centenares de paquetes para vender a la ciudad con las flores más bellas y fragantes que nadie pudiera conocer.

Cada año ganaba el premio a las flores más grandes y de mejor calidad y, como era de esperar, era la admiración de todos en la región. Un día se acercó un periodista de un canal de televisión para preguntarle el secreto de su éxito, a lo que el hombre contestó:

—Mi éxito se lo debo a que de cada cultivo, saco las mejores semillas y las comparto con mis vecinos para que ellos también las siembren.

—¿Cómo? –preguntó el periodista–, pero esto es una locura, ¿acaso no teme que sus vecinos se hagan tan famosos como usted y le quiten su premio?

El hombre le dijo:

—Yo lo hago porque al tener ellos buenos sembrados, el viento devolverá a mi cultivo buenas semillas y la cosecha será mejor. Si no lo hiciera así, ellos sembrarían semillas de mala calidad que el viento traería a mi cultivo. Sus semillas se cruzarían con las mías haciendo que estas flores fueran de peor calidad.

Se dice que un río, después de un trayecto recorriendo montes y campos, llegó a las arenas de un desierto y, de la misma forma que había intentado cruzar otros obstáculos que había hallado en el camino, empezó a travesarlo. Pero sucedió que se dio cuenta de que sus aguas desaparecerían en la arena tan pronto entrara en ella. Aun así, estaba convencido de que su destino era cruzar el desierto, pero no hallaba la forma de hacerlo. Entonces oyó una voz que decía:

—El viento cruza el desierto y también lo puede hacer el río.

—Pero el viento puede volar y yo no. Soy absorbido por las arenas.

—Si te lanzas con violencia como has hecho hasta ahora –continuó la voz–, no conseguirás cruzarlo. Desaparecerás o te convertirás en pantano. Debes dejar que el viento te lleve a tu destino.

—Pero ¿cómo es posible esto?

—Debes consentir ser absorbido por el viento.

Esta idea no era aceptable para el río. Él nunca antes había sido absorbido y no quería perder su individualidad.

—¿Cómo puedo saber con certeza si una vez perdida mi forma la podré volver a recuperar?

—El viento cumple su función. Eleva el agua, la trasporta a su destino y la deja caer en forma de lluvia. El agua vuelve nuevamente al río.

—¿Pero no puedo seguir siendo siempre el mismo río que soy ahora?

—Tú no puedes en ningún caso permanecer así –continuó la voz,– tu esencia es trasportada y forma un nuevo río.

El río no lo veía claro, pero tampoco quería ser pantano o desaparecer. Así es que, en un acto de confianza, elevó sus vapores en los acogedores brazos del viento, quien, gentil y fácilmente, lo elevó hacia arriba y lejos, volviéndole a dejar caer arriba de una montaña, muchos kilómetros más allá.

—Mi esencia es el agua, sea en el estado que sea. La trasformación me ha permitido continuar siendo el mismo. Si no me hubiera trasformado me hubiera perdido.

Todos, como el río, debemos aceptar que es preciso cambiar y trasformarse para proteger y mantener nuestra esencia.

Visión

....

Metáfora que representa las estrategias para conseguir un mundo emocional más sostenible y armónico: reduce - recicla - reutiliza - repara

....

¿A qué damos importancia y por qué? Hay una profecía de los indios cree que dice: «Sólo cuando se haya talado el último árbol, sólo cuando se haya envenenado el último río, sólo cuando se haya pescado el último pez, sólo entonces descubrirá el hombre blanco que el dinero no es comestible».

Vivimos en la cultura de usar y tirar y esto no es sostenible. Es emocionalmente ecológico aprender a diferenciar entre Uso-Abuso-Mal Uso de los recursos de los que disponemos. La persona ética asume su responsabilidad de gestionar sus territorios interiores y exteriores partiendo de los principios de austeridad y solidaridad.

Las emociones son reciclables y podemos trasformar posi-
tivamente las que nos resultan dolorosas o desagradables.
Todas las emociones tienen la carga que les damos, pero
ninguna es positiva o negativa. Adquieren su valor en
función del uso que les damos. Así por ejemplo, la envi-
dia puede servir como emoción tóxica y pasiva generado-
ra de sufrimiento o como reto para emprender acciones
de mejora personal y conseguir lo que otro ha conseguido.
También puede reciclarse en forma de admiración por el
logro del otro.

Las 4 R's de la gestión emocional hacen referencia
a las acciones de: Reducir-Reciclar-Reutilizar-Reparar.
Estas acciones que ya tenemos integradas para realizar
una buena gestión de los recursos medioambientales,
pueden ser incorporadas a la gestión de nuestro mundo
emocional con resultados excelentes. Se trata de incor-
porar en nuestra vida la higiene emocional diaria para
reducir nuestra huella emocional tóxica.

Esta metáfora te propone:

Reduce

Los niveles de basura emocional que lanzas al medio y que
deterioran el clima; la toxicidad de tus emanaciones emocionales: menosprecios, críticas destructivas, insultos, gri-
tos, mal humor, violencia, descalificaciones, juicios de valor, intromisiones. Es importante que te responsabilices de
tu gestión emocional y asumas que los demás no tienen por
qué aguantar la contaminación que tu actividad emocional
comporte.

Recicla

Trasforma positivamente las emociones dolorosas y desagradables así como los sucesos vitales difíciles. Puedes aprender a convertir los celos en superación; el orgullo en humildad y solidaridad; la culpa en conciencia y responsabilidad; el pesar en desprendimiento; el remordimiento en perdón y reconciliación; la ira en reparación de una injusticia; la envidia en el cultivo de la generosidad hacia el otro y en un trabajo de confianza en ti mismo.

Reutiliza

Conocimientos que has adquirido y no aplicas, aptitudes y actitudes que empleas en determinada área de tu vida pero no en otras, capacidades aletargadas porque no les has dedicado atención; recursos infrautilizados o malgastados, por ignorados o por desidia o pereza. No puedes permitírtelo. Los necesitas para construirte una mejor vida que vivir.

Repara

Cuando algo no funciona puedes revisar lo que no va bien y repararlo. No siempre es posible, pero es más inteligente mejorar lo que puedas que ir repitiendo los errores por no enfrentarte a ellos. Reparar una ofensa puede ser mejor que perder un amigo; aprender formas mejores de comunicarnos es más sostenible que continuar utilizando palabras agresivas. Todo aquello que vivimos no se destruye sino que se trasforma. Tienes la posibilidad de reparar aquello que has dejado como una herida abierta o has dado por perdido.

Palabras para la reflexión

El perdón es una decisión, no un sentimiento, porque cuando perdonamos no sentimos más la ofensa, no sentimos más rencor. Perdona, que perdonando tendrás en paz tu alma y la tendrá el que te ofendió.

MADRE TERESA DE CALCUTA

No lastimes a los demás con lo que te causa dolor a ti mismo.

BUDA

Genio es la capacidad de renovar las emociones cotidianas.

PAUL CÉZANNE

Cuando ya no somos capaces de cambiar una situación, nos encontramos ante el desafío de cambiarnos a nosotros mismos.

VÍCTOR FRANKL

Si fuéramos un buen campo de labor, no dejaríamos nada sin utilizar y veríamos en todos los acontecimientos y en los hombres abonos útiles, lluvia y sol.

FRIEDRICH NIETZSCHE

Un día, me dio por trasformar cosas pequeñas; trasformaba un dolor en coma; convertía un alivio en signo de exclamación; trasformaba una esperanza en interrogación. Me gustó. Me sentí medio hechicera.

LYGIA BOJUNGA NUNES

> *La austeridad es un valor profundamente ecológico y urgente de recuperar. Vivir con austeridad es inaplazable.*
>
> CONANGLA & SOLER

> *El amor o el civismo no son recursos limitados o fijos como pueden ser otros factores de producción. Son recursos cuya disponibilidad, lejos de disminuir, aumenta con su empleo.*
>
> HIRSCHMAN

> *Eficiencia energética: Facultad para conseguir nuestros objetivos vitales a partir del buen uso de nuestra energía emocional. Mínima inversión + máximos resultados + sostenibilidad.*
>
> CONANGLA & SOLER

PREGUNTAS PARA CRECER

- ¿Qué conductas o emociones tóxicas de los demás te provocan sufrimiento?
- ¿Y tú, también las reproduces? ¿Lanzas basuras al medio emocional?
- ¿Qué emisión de emociones tóxicas o contaminantes consideras que puedes reducir: mal humor, celos, envidia, resentimiento, rencor...?
- ¿Qué hay de valioso en ti que estés infrautilizando?
- ¿Qué emoción desagradable que sientes actualmente puedes trasformar positivamente?
- ¿Cuáles son aquellas experiencias emocionales tóxicas que aún no has «vaciado» definitivamente de tu papelera de reciclaje? ¿Qué te lo impide?

- Revisa en tu interior. ¿Aprovechas todo tu potencial y capacidades?
- ¿Qué aspectos de ti mismo crees que deberías recuperar? ¿En qué te ayudarían?
- ¿Qué hay en tu vida que ocupe espacio innecesario?
- ¿Sientes que tienes alguna herida emocional abierta? ¿Cuál es?
- ¿Hay algo que no has expresado a determinada persona? ¿Algún «gracias», algún «perdón» pendientes?

EJERCICIOS PARA PASAR A LA ACCIÓN

Una papelera emocional

Microsoft introdujo la papelera de reciclaje en Windows 95 con la finalidad de mantener los archivos que habían sido borrados, ya sea de forma accidental o intencionadamente, dando la opción a los usuarios de revisarlos y poderlos recuperar antes de su eliminación definitiva.

Acude a tu papelera de reciclaje emocional y detalla cada una de las carpetas o documentos que aún contiene. Analiza cada uno de ellos y valora si son candidatos a alguna de las siguientes acciones:

Vaciar	Reducir	Reciclar	Reutilizar	Reparar

¿Qué acciones emprenderás para conseguir trasformar cada uno de ellos?

Lo único que realmente necesitas

Recorre todas las habitaciones de tu casa mental o físicamente hasta que encuentres aquello que consideres que *realmente necesitas y te sea totalmente imprescindible.*
Responde a estas preguntas:

- ¿Por qué consideras que realmente lo necesitas? Da tantos argumentos como puedas.
- ¿Qué cambiaria en esencia en tu vida si te desprendieras del objeto en cuestión?
- ¿De qué otras cosas podrías desprenderte en estos momentos en tu vida sin que perdieras nada esencial? ¿Serías capaz de prescindir de ello?
- ¿Cómo cambiaría tu vida sin todo esto?

Vuelve a realizar el mismo ejercicio pero en lugar de buscar un objeto, revisa 5 creencias, 5 relaciones, 5 emociones, 5 conductas.

METEOROLOGÍA EMOCIONAL

- Primitivo
- Basuras emocionales
- Lluvia ácida
- Aristóteles
- Saco del fatal

Meteorología emocional...

Tormentas de ira desatadas, lluvia intensa y triste, relámpagos y truenos de cólera, tornados furiosos, días alegres de sol, nieblas de confusión que impiden ver; días despejados de claridad mental, atardeceres serenos, arco iris de esperanza chispeantes de colores... Nuestro mundo interior, de forma parecida a nuestro mundo exterior, goza también de una variada meteorología que es importante conocer y aprender a gestionar.

En este capítulo del libro conocerás al *primitivo* que llevas dentro, tomarás conciencia del nivel de contaminación por *basura emocional* que hay en tu vida, aprenderás estrategias para protegerte de la *lluvia ácida* emocional y, con *Aristóteles,* formas mejores de expresar lo que sientes a los demás. También podrás trabajar para vaciar tu *saco del fatal,* que de tanto peso puede hacerte enfermar o desequilibrarte.

Primitivo

Tal vez no lo llamas así, pero sin duda alguna lo vas a reconocer. Esta metáfora te hará tomar conciencia de este personaje que albergas en tu interior y que en determinados momentos puede jugarte malas pasadas. ¿Qué situaciones o personas de tu vida tienen la facilidad de despertarlo y hacer que «salga de su caja»? ¿Qué consecuencias tiene funcionar «en primitivo»? ¿Cuál es el impacto en tus relaciones? ¿Cómo puedes aprender a gestionar mejor esta parte irracional y por otro lado necesaria?

Basuras emocionales

No sólo generamos basura doméstica a diario. En nuestro día a día personal ocurren muchas cosas, a veces muy rápidamente, a las que debemos dar respuesta. Esta metáfora te va a conectar al hecho de que también generas residuos emocionales. ¿Eres consciente de ello? ¿Cómo los procesas? ¿Retienes esta basura en tu interior? ¿Por cuánto tiempo? ¿Qué impacto tiene la estrategia que utilizas? Éstas y muchas otras preguntas te pueden llevar al asumir mejor tu corresponsabilidad en el fenómeno del *calentamiento emocional global* por contaminantes.

Lluvia ácida

Esta lluvia quema y destruye. En la naturaleza tiene catastróficos efectos. ¿Sabes que en nuestro mundo emocional también existe algo similar? Puedes ser un lanzador o un receptor de lluvia ácida. Sea cual sea tu caso, es importante que cambies de estrategia. La lluvia ácida emocional genera un sufrimiento evitable. ¿Sabes protegerte de ella?

Aristóteles

En su obra hay gran cantidad de recursos para mejorar nuestro autocontrol y gestión emocional. esta metáfora es una llamada de atención y al mismo tiempo una pauta que puede servirte para expresar de forma emocionalmente más ecológica lo que sientes a los demás, sean emociones agradables o desagradables. ¿Te interesa conocer su propuesta?

Saco del fatal

En situaciones difíciles, críticas o, simplemente, por acumular materiales emocionales sin gestionar, uno puede sentir que su vida le pesa demasiado. Es el momento de pararse y revisar el equipaje con el que viaja. ¿Te has sentido alguna vez «fatal»? ¿Sabes que «fatal» no es una emoción? Es todo un saco lleno de ellas. En esta metáfora te proponemos aplicar estrategias pera lograr vaciarlo y poder vivir con mayor alegría y un equipaje emocional más ligero.

PRIMITIVO

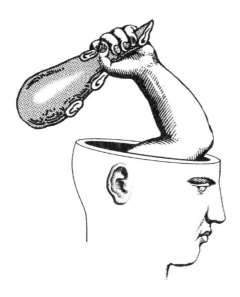

ÁREA EE Clima emocional

CONCEPTOS Autocontrol / Gestión emocional adaptativa y desadaptativa / Caos emocional / Desbordamiento emocional / Incontinencia afectiva

ACTITUDES Agresividad / Reactividad / Descontrol / Impulsividad

EMOCIONES Ira / Enfado / Irritabilidad / Envidia / Celos / Miedo / Orgullo

RELATOS

¿Saltamontes o langostas?

Uno de los azotes más aniquiladores del continente africano han sido las plagas de langostas. Estos enjambres están formados, a veces, por más de 80 millones de langostas por kilómetro cuadrado. Cada langosta pone, como mínimo, un centenar de huevos cada vez y se reproduce varias veces al año. Suelen avanzar por el horizonte como si fueran espesas nubes, y llegan a recorrer hasta 130 km al día, devorándolo todo a su paso. Basta que se posen durante unos segundos en las ramas de un árbol para que éste quede reducido a su puro esqueleto.

Lo más curioso es que el explorador británico Wilfred Thesiger descubrió, con la ayuda de dos eminentes entomólogos, que la temida langosta era en realidad un saltamontes que, en ciertas condiciones, se vuelve extremadamente agresivo, gregario y voraz. Ocurre que, cuando a una estación húmeda le sucede una sequía, su hábitat se reduce mucho y deben compartir un escaso espacio muchos saltamontes. Entonces se opera una gran y terrible trasformación, y el apacible saltamontes solitario se convierte en una terrible langosta del desierto. Parece ser que cuando la langosta se integra en un enjambre, experimenta una excitación de las pilosidades que tiene detrás de las patas y este hecho biológico la convierte en una especie aniquiladora.[1]

---

1 Adaptado de la columna de SUSANA FORTES. *El País*, 08.09.04.

El poder de la envidia

Cierta vez, mientras el demonio atravesaba el desierto de Libia, llegó a un lugar donde un grupo de amigos suyos trataba de atormentar a un santo ermitaño mediante imágenes de los siete pecados capitales. Pero la fuerza de voluntad de aquel santo hombre era demasiado poderosa para ellos, de modo que éste pudo desbaratar fácilmente sus diabólicas intenciones. Tras observar el miserable fracaso de estos diablillos, el demonio avanzó dispuesto a darles una lección.

—Lo que están haciendo es muy torpe –les dijo–. Permítanme un momento.

Y le susurró al santo:

—Tu hermano acaba de ser nombrado obispo de Alejandría.

En el acto, una mueca de maligna envidia nubló el rostro sereno del ermitaño.

—Ésta –explicó el demonio a sus diablillos– es la clase de cosa que suelo recomendar.[2]

---

2 Arthur Conan Doyle.

Cuando «salta el primitivo» nuestra razón queda desactivada

Metáfora de nuestra parte más primaria: del descontrol emocional, la reacción visceral y el instinto de supervivencia automático. El primitivo integra nuestro cerebro reptiliano y límbico. El primero tiene como finalidad mantenernos con vida, pura función de supervivencia. El segundo, el límbico, es el cerebro emocional que nos ayuda a efectuar valoraciones rápidas de lo que sucede dentro y fuera de nuestra persona, y nos mueve a actuar sin reflexionar. Esto es algo necesario en algunos casos extremos, pero puede ser fuente de conflictos personales si toman demasiadas veces el control de nuestra conducta.

La ira es una emoción primaria que todos llevamos en nuestra programación emocional. Nos informa de que existe un obstáculo que se interpone en el camino de lo que queremos o deseamos y genera una energía interna que nos mueve a aclarar el camino y a destruirlo, si es posible. El detonante universal del enfado es la sensación de sentirse amenazado no sólo en el sentido físico sino también cuando sentimos que peligran nuestra autoestima y amor propio. Cuando esto ocurre «el primitivo toma el control».

Sabemos que airear la ira sirve de poco o de nada para reducirla, ya que es una emoción altamente inflamable. La explosión de ira incrementa aún más la excitación emocional del cerebro y hace que nos sintamos peor. Además se contagia fácilmente y es una emana-

ción contaminadora del clima emocional. Como dice el maestro tibetano Chogyam Trungpa sobre la mejor forma de relacionarse con la ira, «Ni la reprimas ni te dejes arrastrar por ella».

Imagina que tu cabeza es metafóricamente una caja sorpresa de estas que, al abrirlas, sale un monigote impulsado por un muelle. Este monigote tiene el aspecto de un ser primitivo, de las cavernas, pero con tu cara y además una cara muy enfadada. En la mano lleva un garrote que mueve amenazador. Este es tu PRIMITIVO o tu PRIMITIVA.

Imagina que cuando se dan determinadas situaciones, se activa un engranaje que hace que «tu primitivo salga de tu caja». ¿Te imaginas con la cabeza abierta de la que sale un feo monigote que toma el control de tu conducta, dice aquello que tu cerebro racional nunca diría, chilla, insulta, lloriquea, exige… y amenaza con el garrote? ¿Has tenido alguna vez esta experiencia? Cuando luego ya está calmado, uno mismo se avergüenza de la propia conducta. «¿Cómo es posible que me haya comportado así? ¡No era yo mismo!».

¿Qué puede activar el mecanismo que permite que tu primitivo «salga de la caja»? Cuando te sientes atacado en tu autoestima, cuando te sientes invadido «territorialmente», cuando se pone en duda tu estatus dentro de un grupo, cuando tienes conflictos con el poder o cuando sientes que alguien que amas puede ser amenazado. Y si lo que ocurre activa varios resortes a la vez –como si de un acorde musical se tratara– la reacción puede ser desmesurada.

La metáfora del primitivo sirve para tomar conciencia de que «no siempre tiene el control nuestro cerebro racional». Y cuando el primitivo está «disparado» no funcionan todas aquellas estrategias que con el racional funcionan: razonar, argumentar…, porque para comprender el significado de las palabras, nuestro mundo emocional debe estar en calma y nuestra mente atenta. El lenguaje del primitivo es otro: es la ley de la selva. Y además, cuando un primitivo sale de su «caja» hay muchas posibilidades de contagio grupal. En una sala donde hay tres personas, pueden acabar habiendo seis: cada una de ellas con su primitivo activado.

¿Qué hacer cuando nos enfrentamos a un «primitivo»? En primer lugar debemos saber que es más eficaz el silencio que la palabra. No podemos dialogar con él. Debemos esperar que «el primitivo haya vuelto a su caja». La magia de las palabras sólo funciona cuando dos seres racionales dialogan desde el centramiento y la escucha. Es preciso calmarnos, atender al otro utilizando el lenguaje no verbal, tener paciencia y esperar que el primitivo se desactive antes de argumentar. Sólo dos personas con sus cerebros en «estado activado racional» pueden comprenderse.

¿Qué puedes hacer para tener más controlado a tu primitivo? Trabajar tu autocontrol emocional y aprender formas emocionalmente ecológicas de gestionar tus emociones. La prevención siempre es mejor que actuar cuando el daño se ha producido. Se trata de que asumas que si bien no puedes elegir lo que sientes, el cómo das salida a estas emociones sí que es cosa tuya. Como dice Xavier Guix: detrás del enfado hay frustración y falta de amor. El reconocimiento de la posibilidad de escoger el «cómo» te permite asumir tu *responsabilidad emocional.*

Palabras para la reflexión

≪ *No es posible estrechar unas manos si tenemos las nuestras cerradas en puño.*

SOLER & CONANGLA

≪ *Ojo por ojo, y el mundo acabará ciego.*

GANDHI

≪ *La venganza es algo que uno quisiera realizar cuando uno se siente impotente y por esa misma razón tan pronto como se elimina esta sensación de impotencia, desaparece también el deseo de venganza.*

ORWELL

≪ *Hemos pasado del tiempo de la bomba H al tiempo de la bomba humana: ¡hoy cualquiera puede desatar el Apocalipsis! Tú mismo.*

ANDRÉ GLUCKSMANN

≪ *No hay mayor culpa que ser indulgente con los deseos. No hay mayor mal que no saber contenerse. No hay mayor daño que alimentar grandes ansias de pasión.*

LAO TSE

≪ *Cada persona tiene dentro de sí misma un cielo y un infierno.*

OSCAR WILDE

≪ *Siempre hay razones para enfadarse, pero estas razones pocas veces son buenas.*

BENJAMIN FRANKLIN

>> *Cuéntale a tu corazón / que existe siempre una razón / escondida en cada gesto. / Del derecho o del revés, / uno sólo es lo que es / y anda siempre con lo puesto.*

JOAN MANEL SERRAT

>> *No hay manera de resolver los conflictos o enfados hablando. Es mejor procurar que los sentimientos se encuentren.*

XAVIER GUIX

>> *Hay muchas cosas sabias que se dicen en broma pero no pueden compararse con el sinnúmero de estupideces que se dicen en serio.*

SAM LEVENSON

PREGUNTAS PARA CRECER

- En el último mes ¿se te ha disparado alguna vez «tu primitivo»? ¿En qué situación? ¿Qué personas había y qué conductas adoptaron? ¿Cómo te sentiste tú una vez calmado?
- Piensa en las tres personas con las que pasas habitualmente más tiempo. ¿Se les «dispara» con frecuencia su primitivo? ¿Cómo actúan? ¿Cómo te sientes tú cuando sucede esto?
- ¿Puedes pensar cinco estrategias que te sirvan para evitar que tu «primitivo salga de su caja»?
- ¿Qué tema, persona o situación tiene más posibilidades de provocar a tu primitivo?
- ¿Has vivido alguna situación de contagio en grupo a partir de que una persona se sitúa en «primitivo» y

progresivamente van saliendo los primitivos de los demás? ¿Puedes recordar qué pasó? ¿Cómo se solucionó? ¿Cuál fue el impacto de esta falta de regulación emocional?

- ¿Consideras que tiendes a reprimir tu primitivo o más bien a dejarle salir a su aire? ¿Por qué crees que sucede? ¿Cómo afecta a tu vida y relaciones?
- ¿Puedes pensar en una persona que admires especialmente por su temple y forma de encajar incluso las situaciones más difíciles sin perder su autocontrol y generando soluciones?
- ¿Qué otras cualidades consideras que tiene esta persona? ¿Hay alguna característica suya que quisieras adquirir para ti mismo?
- ¿Eres capaz de «estar en silencio» en situaciones de conflicto y no hablar hasta que lo puedas hacer desde la serenidad?
- ¿Cómo puedes tranquilizarte mediante el diálogo interno? ¿Qué palabras te dices a ti mismo?

EJERCICIOS PARA PASAR A LA ACCIÓN

Dominar el lado negativo del primitivo

Tienes la posibilidad de identificar con antelación algunos momentos de «riesgo» de tu vida profesional o personal en los que puedes ser susceptible de perder el control de tu «primitivo». Interrógate acerca de la forma como podrías dar mejor respuesta la próxima vez que te encuentres en esta situación.

Situación actual	Conducta futura

Ejemplo:

Cuando alguien se dirige a mí gritando, me pongo a la defensiva o me pongo yo mismo a gritar.

Voy a escucharle atentamente, dejo que acabe su exposición en silencio y con una actitud tranquila. Visualizo que quien me habla no es su parte racional sino su primitivo, que ha salido disparado de su caja porque se siente dolido o amenazado.

Tus propios ejemplos:

1. _____   _____
   _____   _____
   _____   _____
   _____   _____
   _____   _____
   _____   _____
   _____   _____

2. _____   _____
   _____   _____
   _____   _____
   _____   _____
   _____   _____
   _____   _____
   _____   _____

Dispara mi primitivo

Escribe a continuación diez cosas de tu vida cotidiana que te despierten agresividad y cuál es tu reacción instintiva.

Me despierta agresividad	Mi reacción es
1. Que me quiten el aparcamiento	Insultar al otro conductor
2.	
3.	
4.	
5.	
6.	
7.	
8.	
9.	
10.	

- ◆ ¿Qué crees que te impide mantener el autocontrol?
- ◆ ¿Qué ocurre cuando el protagonista de la primera columna eres tú o alguien a quién tú conoces y aprecias?
- ◆ ¿A qué conclusión llegas?
- ◆ ¿Puedes cambiar tu reacción por una conducta reflexiva? ¿Cuál sería en cada caso?

Basuras emocionales

ÁREA EE Clima emocional

CONCEPTOS Gestión emocional desadaptativa
o adaptativa / Contaminación emocional / Toxicidad
emocional / Conciencia de impacto global / 4 R's

ACTITUDES Descontrol emocional / Victimismo /
Negatividad / Responsabilidad/ Autocontrol / Autonomía
personal / Respeto

EMOCIONES Enfado / Ira / Resentimiento / Mal humor /
Compasión / Ternura

RELATOS

Ducha de basura emocional

Tropecé con un extraño que pasaba y le dije:

—¡Perdón!

Él contestó:

—Disculpe, por favor…, no la vi.

Fuimos muy educados, nos despedimos, seguimos nuestro camino. Más tarde, cuando estaba en casa cocinando, estaba mi hijo muy pegado a mí. Al girarme, casi le doy un golpe…

—¡Quítate de ahí! ¡A ver si no molestas! –le grité.

Él se retiró, compungido, sin que yo notara lo duró que le había hablado.

Por la noche, al analizar mi día, me di cuenta de que había tratado con respeto y cuidado al extraño y que había maltratado al niño que amo.

Vive como las flores

—Maestro, ¿qué debo hacer para no ofenderme tan a menudo? Creo que algunas personas hablan demasiado y otras son ignorantes; algunas son injustas y otras me invaden. Siento odio cuando son mentirosas y sufro cuando me calumnian.

—¡Pues, vive como las flores! –respondió el Maestro.

—Y ¿cómo es vivir como las flores? –preguntó el discípulo.

—Pon atención a esas flores –continuó el Maestro, señalando unos lirios que crecían en el jardín–. Ellas nacen en el estiércol, sin embargo son puras y perfumadas. Extraen del abono maloliente todo aquello que les es útil y saludable, pero no permiten que lo agrio de la tierra manche la frescura de sus pétalos. Es justo asumir la responsabilidad de los propios errores, pero no es sabio permitir que los defectos de los demás te incomoden. Es su responsabilidad y no tu culpa. Y si no es tuya, no debes quedarte la ofensa. Ejercita, pues, la virtud de rechazar todo el mal que viene desde afuera y perfuma la vida de los demás haciendo el bien. Eso es vivir como las flores.

Visión

Esta metáfora propone practicar la higiene emocional diaria para evitar acumular basuras y que éstas se conviertan en tóxicos emocionales peligrosos

Cada día generamos toneladas de basura doméstica. Y a diario nos desprendemos de ellas eliminándolas de forma ecológica: discriminando qué se puede reciclar y qué no; separando el vidrio, el plástico, el papel, lo orgánico para que cada tipo siga un circuito de eliminación o reciclaje y, así, evitar contaminar nuestro medio ambiente. ¿Por qué no hacemos lo mismo a nivel emocional? Cada día generamos basura emocional. Son los residuos emocionales fruto de no haber realizado una buena gestión de las situaciones vividas. Son cargas afectivas inútiles que nos pesan, frenan, desmoralizan y anclan en el pasado, contaminan nuestro presente y dificultan nuestro futuro: quejas, resentimiento, rencor, mal humor, desánimo, rumores, juicios negativos, furia, rabia, menosprecio, cinismo, ofensas, son algunos ejemplos de ellas. Las emociones son un material de fácil contagio. Contagiamos a los demás y al mismo tiempo somos contagiados por ellos.

¿Acumulas basura emocional? ¿Llevas desde hace años en tu interior residuos emocionales tóxicos, o cargas pesos y problemas que no son tuyos? ¡Hay mochilas emocionales realmente pesadas de llevar! ¿Sabes que la toxicidad provocada por la basura emocional acumulada durante tiempo puede provocar enfermedad? Lo cierto es que la falta de higiene emocional diaria y la tensión provocada por esta basura puede provocar que en determinado momento de tensión, acabes descargándola en forma de lluvia ácida sobre las personas que tienes alrededor. Y esto tiene un indudable impacto en el clima emocional y afecta negativamente a tus relaciones.

Tanto acumular basura como soltarla indiscriminadamente para aliviar la tensión, son conductas irresponsables y poco inteligentes. La abulia, la ansiedad, los celos, el desánimo, el enojo, el mal humor, el rencor y el resentimiento, así como la preocupación, la agresividad, el afán de poseer y el egoísmo son contaminantes emocionales, basuras potencialmente tóxicas que es preciso manejar con prudencia y aprender a reciclar positivamente. De no hacerlo así, tienes muchas posibilidades de que la destrucción se instale en tu vida.

Si te dedicas a almacenar emociones desequilibrantes en tu interior, sufrirás hasta el punto de que no serás capaz de ver ni de vivir lo bueno y lo nuevo que vaya apareciendo en tu vida. Es preciso que te vacíes de estos contaminantes, pero no de cualquier forma. Te proponemos dos valores de la ecología emocional a tener presente en tu estrategia: la responsabilidad y la conciencia del impacto global. Los residuos emocionales deben eliminarse sin contaminar el medio relacional, sin intoxicar a los demás. Libérate de la carga de las ofensas y de las quejas que no llevan a ninguna parte.

Sin el filtro de la prudencia, el autocontrol, la sensibilidad y la empatía, puedes actuar de forma impulsiva y herir con facilidad. A muchas personas les es más fácil desahogarse con sus familiares que con extraños y ésta es una conducta especialmente injusta. Recuerda que quien te ama es más vulnerable y debes evitar usarlo como «contenedor de tu basura emocional». Así pues, eres responsable de autogestionar tus emociones y darles una salida no violenta. Nadie tiene por qué aguantar la incompetencia emocional de otra persona.

Como afirma la psiquiatra Clarissa Pinkola Estés: «No debemos preocuparnos tanto de las personas que muestran abiertamente su desacuerdo con nosotros como de aquellas que no concuerdan con nosotros pero que no son valientes para hacérnoslo saber y expresarlo». Éstas son las que van incubando la ofensa y elaboran un veneno interior que, más pronto o más tarde, aflorará. Este mismo planteamiento te afecta en sentido contrario. No permitas que nadie te utilice como su «basurero emocional». Eres una persona que merece respeto. Apártate de quien actúa habitualmente así porque aunque lo afirme realmente no te ama. Sin respeto no hay amor.

Como decía Gandhi: Si cada día nos arreglamos los cabellos ¿por qué no hacemos lo mismo con el corazón?

PALABRAS PARA LA REFLEXIÓN

Los hombres ofenden antes al que aman que al que temen.

NICOLÁS MAQUIAVELO

Hable mientras esté enojado y hará el mejor discurso que más lamentará en su vida.

AMBROSE BIERCE

Una persona es esclava de lo que dice y dueña de lo que calla.

Proverbio chino

La gente feliz, creativa y con sentido del humor no suele tomar la decisión de iniciar y mantener guerras y disputas, cometer actos vandálicos o destruir a otros. Es la gente resentida y ofendida la que vive deseando que todo se hunda con ellos.

SOLER & CONANGLA

Yo soy el responsable de lo que pienso, lo que siento y lo que hago; por eso me pongo en primera persona.

XAVIER GUIX

Cuidado con la hoguera que enciendes contra tu enemigo; no sea que te chamusques a ti mismo.

WILLIAM SHAKESPEARE

Nuestro mundo se ha convertido en «zona irritable». En el momento actual no sólo estamos padeciendo un calentamien-

to climático global sino también un calentamiento emocional global. Se contagian las ofensas y sus efectos: la irritabilidad, la violencia, el miedo, la crítica negativa, el desaliento, la ansiedad, la queja, la venganza, la destrucción.

SOLER & CONANGLA

La humanidad entera es un sujeto pensante formado por miles de millones de cerebros individuales, tantos como seres racionales hay en el mundo, que expelen una especie de fluido magnético a la atmósfera. Éste va impregnando el universo de todo cuanto las personas conciben, una especie de salsa bien trabada compuesta de ínfimas partículas.

MANUEL VICENT

La indiferencia acaba deteniendo el corazón.

JAUME SOLER

El resentimiento es como tomar veneno esperando que la otra persona muera.

CARRIE FISHER.

PREGUNTAS PARA CRECER

- ¿Cuáles son las emociones que te son más difíciles de expresar?
- ¿Tienes tendencia a reprimir lo que sientes? ¿Qué impacto tiene esta forma de funcionar en ti mismo y en tus relaciones?
- ¿Te ofendes con facilidad? ¿Qué haces para desprenderte de las ofensas?

- Después de acumular basuras emocionales durante un tiempo ¿Has explotado de repente duchando con tu basura emocional a las personas de tu alrededor? ¿Qué consecuencias ha tenido esta conducta?
- ¿Aceptas la basura emocional que otras personas te lanzan a ti? ¿Qué sientes que te lanzan? ¿Sientes que eres el contenedor de basura de alguna persona?
- ¿Cómo piensas que puedes protegerte de los lanzadores de basura emocional?
- ¿Puedes pensar tres estrategias para realizar tu «higiene emocional» a diario?
- ¿Cómo dirías que es el clima emocional en tu familia? ¿Y en tu trabajo? ¿Y a nivel social?
- ¿Qué haces concretamente para autogestionar a diario tu producción de «basura emocional»?
- ¿Qué pesos emocionales llevas desde hace años? ¿Qué puedes hacer concretamente para cerrar estas heridas y desprenderte de ellos? ¿Cuándo lo harás?

EJERCICIOS PARA PASAR A LA ACCIÓN

Cómo te hablas a ti mismo

Durante todo un día observa especialmente tu diálogo interno, aquellos mensajes que tú te das a ti mismo. Anota todo aquello de lo que tomas conciencia de que es basura emocional que te lanzas a ti mismo. Por ejemplo: «Soy idiota», «No sirvo para nada», «No lo voy a conseguir», «¿Cómo va quererme nadie?, «Soy feo»…

Anota también todos aquellos mensajes cariñosos, tiernos y de ánimo que te das a ti mismo. Por ejemplo: «¡Ánimo, que puedo!», «Mañana lo haré mejor», «Soy digno de amor», «¡Genial, lo he hecho muy bien!»…

Al final del día analiza ambas columnas. ¿Qué tipo de mensajes predominan?

Intenta RECICLAR tu basura trasformando las afirmaciones anteriores. Por ejemplo:

- *Soy idiota… / Tengo mucho que aprender, pero voy a esforzarme por hacerlo.*
- *No sirvo para nada… / Hay cosas que sé hacer bien.*

Constrúyete metafóricamente un «paraguas antibasura»

Imagina que cuando lo desees puedes desplegar un paraguas especial que no se ve, pero que cuando te llega la basura que otros lanzan evita que te salpique. ¿Cómo sería? ¿De qué color es? ¿Por qué?

¿Qué botón o resorte lo abre? (¿Actitudes, valores, sentimientos, pensamientos, situaciones?). ¿Qué tienes que hacer o decirte para que te proteja?

¿De qué materiales emocionales está formada la «lona del paraguas»?

Abre este paraguas la próxima vez que alguien intente ducharte con su basura si en aquel momento, por algún motivo, no puedes alejarte físicamente de esta persona.

Lluvia ácida

ÁREA EE Clima emocional

CONCEPTOS Destructividad / Calentamiento emocional global / Efecto bumerán/ Gestión emocional desadaptativa / Contaminación emocional / Toxicidad emocional / Conciencia de impacto global

ACTITUDES Descontrol emocional / Represión emocional / Victimismo / Negatividad / Responsabilidad / Autocontrol / Autonomía personal / Respeto

EMOCIONES Enfado / Ira / Resentimiento / Mal humor / Rencor / Odio

Relatos

Lo que yo cargo conmigo

Aquel profesor era un hombre comprometido y estricto. Era conocido por sus alumnos como un hombre justo y también comprensivo. Aquel día de verano, al terminar la última clase del año académico, mientras el profesor organizaba unos documentos en su escritorio, se le acercó uno de sus alumnos y con actitud desafiante le dijo:

—Profesor, no sabe cuánto me alegra haber terminado ya las clases para dejar de oír tonterías y de aburrirme en esta asignatura.

El alumno se quedó de pie, con la mirada arrogante, esperando la reacción de su profesor. Suponía que éste se sentiría ofendido y que sus palabras lo iban a herir. Mientras tanto, iba mirando y mostrando una media sonrisa a los compañeros que quedaban dentro del aula y que se quedaron a la expectativa de lo que sucedía. El profesor miró a su alumno un instante y con la palabra pausada y suave le preguntó:

—Dime una cosa, cuándo alguien te ofrece algo que no quieres, ¿lo recibes?

El alumno, desconcertado, por la pregunta inesperada le respondió, aunque despectivamente:

—¡Por supuesto que no!

—Así pues –prosiguió el profesor–, cuando alguien intenta ofenderme o me dice algo desagradable, me está ofreciendo algo, en este caso una emoción de rabia o rencor, que puedo decidir no aceptar.

—No entiendo a qué se refiere –dijo el alumno, aún más confundido.

—Muy sencillo –replicó su profesor–, tú me estás ofreciendo rabia y desprecio y si yo me siento ofendido o me pongo furioso, estaré aceptando tu regalo. Y para decirte la verdad, prefiero obsequiarme mi propia serenidad.

El alumno lo escuchaba sorprendido.

—Muchacho –concluyó el profesor–, tu rabia pasará, pero no intentes dejarla conmigo porque a mí no me interesa. Yo no puedo controlar lo que tú llevas en tu corazón, pero de mí depende lo que yo cargue con el mío.

Intercambio irónico

El dramaturgo George Bernard Shaw escribió una vez a Churchill:

> Estimado Sr. Churchill:
> Le adjunto dos entradas para mi nueva obra de teatro que se inaugura el jueves por la noche. Le ruego venga y traiga a un amigo, si tiene uno.

Churchill le envió la siguiente respuesta:

> Estimado Sr. Shaw:
> Lo lamento, pero tengo un compromiso previo y no podré acudir a la inauguración. Sin embargo, iré a la segunda función, si es que hay una.

• •

Emisiones emocionales tóxicas que a veces expulsamos
o recibimos en nuestro medio relacional

• •

Esta metáfora nos recuerda que padecemos mayor con-
taminación emocional que atmosférica. En nuestro
ecosistema humano existe un calentamiento emocional
preocupante.

La contaminación del planeta es un reflejo de la con-
taminación de nuestro territorio emocional interior. Y si
no somos capaces de hacernos cargo de nuestro interior,
¿cómo va a importarnos nuestro territorio exterior? Lo
vamos a ver y a vivir como algo ajeno y separado de
nosotros mismos. Nuestra pasividad tiene enormes conse-
cuencias en el ecosistema global.

Cuando hablamos de lluvia ácida a nivel medioam-
biental, nos referimos a la precipitación de agua mezcla-
da con gases contaminantes como el sulfúrico y el nítri-
co que causa graves daños a la naturaleza. También en
nuestro mundo emocional puede producirse este fenóme-
no como consecuencia de la contaminación acumulada
y no gestionada de los residuos emocionales, basura de
elevado nivel de toxicidad.

Cuando reprimes emociones como la rabia, la frustración,
el rencor, el resentimiento, la impotencia, la insatisfacción,
el odio, la envidia o la desesperanza, acumulas basura emocional en tu interior.

De forma parecida a un volcán, en el momento menos
pensado puedes entrar en erupción, explotar, lanzar detritus

emocionales al medio y con tus emanaciones arrasar todo lo bueno, noble y bello que te rodea.

El calentamiento emocional global empeora el clima y puede acabar en duchas de lluvia ácida en forma de emisiones emocionales agresivas y dolorosas que dañan la autoestima.

¿Cuál sería tu conducta si recibieras un aviso de que en una zona hay lluvia ácida? No irías allí o te protegerías para no exponerte a su toxicidad. También a nivel emocional, hay palabras y conductas tan tóxicas que te pueden quemar por dentro de forma similar a los efectos de la lluvia ácida que arrasa el territorio por donde cae. Es preciso que tomes serias medidas para que no te dañe.

Recuerda: Lo que emites, lo acabas recibiendo. El efecto bumerán también aparece en el mundo emocional. Es el precio que pagamos todos por gestionar nuestras emociones caóticas de forma poco ecológica. Y esta lluvia ácida provoca sufrimiento y soledad.

Es preciso practicar la higiene emocional diaria. Si quieres prevenir la lluvia ácida es importante que no retengas tus emociones caóticas o desagradables. Tampoco debes dejar que ellas tomen el control de tu conducta. Lo mejor es transitar por el «camino del centro» y permitirte sentirlas cuando lleguen, darles nombre, traducir el mensaje que te aportan y obrar en consecuencia. Luego debes soltarlas, porque las emociones deben fluir, pues está en su naturaleza que así sea. Si no acumulamos basura y aplicamos la estrategia de las 4 R's de la gestión emocional, vamos a prevenir la posibilidad de esta lluvia ácida que todo lo quema.

PALABRAS PARA LA REFLEXIÓN

«*Sus malas críticas eran tan penetrantes y duras que no fue capaz de arriesgarse a recibir ni una más del exterior.*

ERICA JONG

«*La mayoría de la gente encuentra faltas como si hubiera una recompensa en ellas.*

ZIG ZIGLAR

«*Habría que asombrarse si fuese diferente: se acumula, se acumulan rabias, humillaciones, barbaridades, angustias, llantos, frenesíes y al fin nos encontramos con un cáncer, una nefritis, una diabetes, una esclerosis que nos aniquila. ¡Y voilà!*

CESARE PAVESE

«*La palabra es como un objeto. De ahí el peso del insulto.*

CARLOS CASTILLA DEL PINO

«*El muro de las lamentaciones más importante no se halla en Jerusalén sino en nuestro interior. Es el muro que levantamos cuando vivimos la vida pasivamente situados en el victimismo. La queja y los lamentos son conductas contaminantes.*

CONANGLA & SOLER

«*Cuando los humanos buscamos la manera de defendernos, de controlar, podemos llegar a ser altamente creativos… así como perversamente rebuscados.*

XAVIER GUIX

« *Todos somos algo culpables de que la basura rampante ruja con toda su procacidad y arrogancia, despreciando con carcajada grotesca todo «lo verdadero, lo bello, lo bueno», ese lema de devoción por la excelencia que adorna tantos de los teatros de nuestro viejo mundo en los que Calderón y Goethe, Molière y Schiller, Lope y Shakespeare cantaron y describieron la gran epopeya del ser humano por ser mejor ante Dios y los hombres.*

HERMANN TERTSCH

« *Hemos recibido como legado un solo planeta. La Tierra es hoy un patrimonio en peligro y la propia especie humana también.*

KOICHIRO MATSUURA

« *Ya no nos queda tiempo para el odio / ni para la tirria o el desdén / los odiantes se roen a sí mismos / y mueren de metástasis de odios / es natural que los odiantes / se trasformen a veces en odiosos / sin embargo no es aconsejable / odiar a los odiosos ex odiantes / ya que aquel pobre que desciende a odiar / nunca saldrá del pozo de los odios.*

MARIO BENEDETTI

« *A menudo los que reciben nuestra ducha de basura emocional son las personas que «decimos amar», y que hemos elegido como compañeros de vida. Convencidos de que «van a aguantar todo» podemos utilizarlos para descargar nuestra tensión y esto es muy injusto y se salda con enormes precios relacionales.*

CONANGLA & SOLER

PREGUNTAS PARA CRECER

- ¿Qué emociones acumulas con mayor frecuencia? ¿Por qué?
- ¿Has emitido o padecido momentos de lluvia ácida? ¿Te has sabido proteger? ¿Cuáles han sido las consecuencias, qué precios has pagado?
- ¿Qué estrategia prioritaria eliges para gestionar tus emociones? ¿Tiendes a la pasividad, a la agresividad o buscas el punto de equilibrio y realizas higiene diaria de tu basura emocional? ¿Cómo lo haces?
- ¿Tomas medidas de autoprotección y cambias de entorno humano si padeces la toxicidad emocional de algunas personas? ¿En qué consisten estas medidas?
- ¿Has lanzado alguna vez una ducha de lluvia ácida contra alguna persona de tu familia? ¿Qué emociones has sentido después de haberlo hecho?
- ¿Qué acciones concretas crees que puedes hacer cada día para mejorar tu «higiene emocional» y evitar emanaciones tóxicas?
- ¿Qué es lo más tóxico que te han dicho? ¿Qué es lo más tóxico que tú has dicho a alguien? ¿Qué crees que nos mueve a lanzar a otros esta toxicidad emocional?
- ¿Cómo podrías colaborar en emitir al medio emociones que mejoren el clima de las relaciones? ¿Qué podrías hacer para contagiar más alegría y bienestar a los demás?
- ¿Te consideras una persona con sentido del humor? ¿En qué te basas para afirmarlo o para negarlo?

Ejercicios para pasar a la acción

¿Agresivas o asertivas?

Coloca al lado de cada frase:

- Una **A** (para las expresiones que consideres que son agresivas y contaminantes, como lluvia ácida dañinas para la autoestima).
- Una **B** (para aquellas que consideres asertivas –comunican directamente lo que se siente, piensa o quiere, sin faltar al respeto al otro–).

1. Gracias por tu ayuda. Me gusta poder contar...
2. ¡Eres una inútil!
3. Me es muy difícil aceptar tu forma de actuar.
4. Quiero conversar contigo. ¿Cuándo podemos quedar?
5. Me preocupa que los objetivos no se cumplan.
6. Por culpa tuya no vamos a conseguirlo.
7. ¡No tienes ni idea!
8. Mi opinión es distinta, creo que...
9. Quizás no me he expresado bien.
10. Me siento desanimado y triste.
11. No puedo aceptar tu propuesta.
12. Me has hecho sentir muy mal.
13. Te agradezco la oportunidad de participar en esta sesión.
14. ¡Que lo arreglen los demás!
15. Dudo que seas capaz de conseguir nada.

A continuación, intenta trasformar las frases (A) de tal forma que se desactive en buena parte la carga de violencia que contienen. Por ejemplo: «Eres un inútil» por «Creo que puedes hacerlo mucho mejor y te pido que te esfuerces».

¡Vacía tu caos!

Antes de encontrarte con alguien a quien amas, antes de entrar en tu casa para estar con los tuyos… coge un papel y escribe todas aquellas emociones o situaciones que cargues contigo y que pueden ser tóxicas si no las eliminas. Por ejemplo: «Me preocupa que…»; «Me siento enfadado por…»; «Tengo pendiente arreglar…»; «Me frustró que…», hasta eliminarlo todo. Se coge el papel, se cierra en un sobre y se deja para retomar estos pesos emocionales al día siguiente. Si entonces continúan estas emociones, se hacen acciones para gestionarlas. Si ya se han esfumado, se destruye el sobre y el papel en la trituradora.

ARISTÓTELES

ÁREA EE Clima emocional

CONCEPTOS La gestión de la ira / Autocontrol / Valoración del impacto emocional global / Basura emocional / 4 R's

ACTITUDES Autonomía personal / Respeto / Responsabilidad / Atención / Empatía

EMOCIONES Enfado / Ira / Mal humor / Tranquilidad / Calma

RELATOS

Fuma tu pipa

Un miembro de la tribu se presentó furioso ante su jefe para informarle que estaba decidido a vengarse de un enemigo que lo había ofendido gravemente. Quería ir a buscarlo inmediatamente y matarlo sin piedad. El jefe le escuchó atentamente y luego le propuso que, antes de hacerlo, llenara su pipa de tabaco y la fumara con calma al pie del árbol sagrado del pueblo.

El hombre cargó su pipa y fue a sentarse bajo la copa del gran árbol. Tardó una hora en terminarla. Al finalizar sacudió las cenizas y decidió volver a hablar con el jefe para decirle que lo había pensado mejor, que tal vez fuera excesivo matar a su enemigo y que había decidido darle una paliza memorable para que nunca se olvidara de la ofensa. Nuevamente el anciano lo escuchó y aprobó su decisión, pero le propuso que, ya que había cambiado de parecer, llenara otra vez la pipa y fuera a fumarla al mismo lugar.

También esta vez el hombre cumplió su encargo y pasó media hora meditando. Después regresó a donde estaba el jefe de la tribu y le dijo que consideraba excesivo castigar físicamente a su enemigo. No obstante iría a echarle en cara su mala acción y le haría pasar vergüenza delante de todos. Como las veces anteriores, fue escuchado con bondad, pero el anciano volvió a pedirle que antes de hacerlo repitiera su meditación como lo había hecho las veces anteriores.

El hombre, medio molesto, pero ya mucho más sereno, se dirigió al árbol centenario y allí sentado fue convirtiendo en humo su tabaco y su bronca. Cuando terminó, volvió al jefe y le dijo:

—Pensándolo mejor, veo que la cosa no es para tanto. Iré donde espera mi agresor para darle un abrazo. Así recuperaré un amigo que seguramente se arrepentirá de lo que ha hecho.

El jefe le regaló tabaco para que fueran a fumar ambos al pie del árbol, diciéndole:

—Eso es precisamente lo que tenía que pedirte, pero no podía decírtelo yo; era necesario darte tiempo para que lo descubrieras tú mismo.

Los tres filtros

Se cuenta que el discípulo de un filósofo sabio llegó a casa y le dijo:

—Querido maestro, se ve que un amigo tuyo ha estado hablando mal de ti.

—¡Espera! –lo interrumpió el filósofo–. ¿Has hecho pasar por los tres filtros lo que ahora me vas a explicar?

—¿Los tres filtros? –dijo el discípulo.

—Sí. El primer filtro es la verdad. ¿Estás seguro de que lo que me vas a decir es absolutamente cierto?

—Bien, no lo sé directamente. Me lo han dicho unos vecinos.

—Por lo menos –dijo el sabio– lo habrás pasado por el segundo filtro que es la bondad. A ver, ¿esto que me vas a decir es bueno para alguien?

—No, realmente, no. Más bien al contrario.

—Ah…, entonces miremos el último filtro. El último filtro es la necesidad. ¿Crees que es realmente necesario hacerme saber esto que tanto te inquieta?

—De hecho, no.

—Entonces –dijo el sabio sonriente– si no es ni verdad, ni es bueno, ni es necesario, mejor lo enterramos en el olvido.

Visión

Cualquiera puede enfadarse, eso es algo muy sencillo. Pero enfadarse con la persona adecuada, en el grado exacto, en el momento oportuno, con el propósito justo y del modo correcto, eso, ciertamente, no resulta tan sencillo. ARISTÓTELES

Los automóviles tienen sensores que indican distintas lecturas, frenos, aceite, luces, etc. que según estén regulados se enciende el piloto de alerta. Si el nivel de sensibilidad está mal ajustado, el piloto se enciende a menudo, o no se enciende, dando una lectura errónea. En algunas personas ocurre lo mismo: su nivel de sensibilidad ante las situaciones que les provocan ira o enfado está desajustado. Hay quién se enfada por nimiedades y hay quien no se enfada por nada, en ambos casos existe un desajuste.

La ira nos informa de que alguien, nosotros mismos o la vida ha colocado un obstáculo en nuestro camino que nos dificulta o impide conseguir nuestros deseos u objetivos. Esta emoción nos aporta un plus de energía extra que nos puede facilitar romper, apartar, saltar o rodear el obstáculo y conseguir lo que ansiamos. El enfado, dentro de la familia de la ira, es una emoción necesaria siempre que seamos capaces de canalizar su energía y no sea ella quien mande en nuestra conducta.

Cuando en ecología emocional utilizamos esta metáfora nos referimos al difícil camino del equilibrio emocional. A veces decimos: «Hoy me he cargado Aristóteles» y entre nosotros entendemos que o bien nos hemos desahogado con quien no tocaba, o en un mal momento, o con un propósito de venganza o desquite, o con palabras que en lugar de tender puentes han creado heridas. Una gestión emocional poco ecológica, pues.

Tal vez te haya ocurrido alguna vez. Te enfadaste en el trabajo y al llegar a casa descargaste la basura emocional retenida contra tu pareja, o tus hijos o tu compañero de piso. ¿Por qué no lo has solucionado con la persona que lo ha provocado? A veces por miedo a perder al trabajo, o para evitar complicaciones mayores; otras por falta de tiempo o por comodidad; tal vez por inseguridad o por no saber hallar las palabras. Así, dejas de gestionar la ofensa o el conflicto y retienes en tu interior las basuras emocionales. Si pasa mucho tiempo degeneran y se convierten en tóxicos. Si las sueltas sin tener presente la primera premisa de Aristóteles, «persona adecuada», pagarás un precio en tus relaciones personales porque a nadie le gusta que lo utilicen de contenedor de basura emocional, ¿verdad?

¿Y cuándo es para ti el «momento adecuado»? No lo es en el momento en que el enfado te inunda, porque tu cerebro racional está desactivado y por lo tanto puedes arrepentirte del «cómo» vas a expresar tu emoción. Debes darte tiempo para tranquilizarte y estar sereno antes de iniciar la conversación con «la persona adecuada». Tampoco es un buen momento cuando hay terceras personas delante. En estos casos seguramente has comprobado que todo empeora porque uno puede sentirse humillado o avergonzado o bien pueden crearse alianzas entre dos contra uno y empeorar la situación. Es inteligente esperar.

¿Cuál es tu propósito cuando expresas tu enfado? ¿Lo haces para descargar la tensión? ¿Para reafirmarte a ti mismo o hacer notar tu poder? ¿Por venganza? ¿O para clarificar tu postura ante un problema o mejorar el clima emocional de tu relación? Si tu propósito no es justo no cumples con «Aristóteles».

Y una vez cumplidos los requisitos anteriores... ¿te es difícil encontrar la mejor forma de mantener la conversación? ¿Practicas la asertividad y hablas desde el yo o bien culpas al otro de tu situación emocional? Somos responsables de cómo gestionamos nuestras emociones. Ya no vale echar las culpas a los demás. Cuando sentimos ira, rabia, celos, abandono, pena... estas emociones son nuestras y nos pertenecen. Somos responsables de administrar nuestros pensamientos, creencias y emociones así como de las consecuencias de nuestras palabras y acciones.

Curiosamente, hemos aprendido a culpar a los demás de cómo nos sentimos. «Me irritas, me haces infeliz, me ofendes (tú)». Y nos comportamos como si fuéramos los referentes universales cuando intentamos comunicarnos con los demás: «Estás equivocado, no tienes razón, tu punto de vista es erróneo (el tuyo)». Ya es hora de dejar el «tú» y gestionar nuestras emociones y pensamientos desde el «yo». «Me siento irritado, me siento infeliz, me siento ofendido (yo) cuando...». Al hablar desde esta posición estamos asumiendo nuestra responsabilidad emocional en lugar de ceder el control de nuestro estado anímico a los demás.

—Ésta es mi opinión.

—Es mi forma de vivirlo.

—No comparto tu valoración de la situación.

—Yo lo veo diferente.

—Si bien defiendo tu derecho a expresar lo que piensas y sientes, considero que la forma en que lo haces es poco respetuosa conmigo.

Si tienes presente la metáfora «Aristóteles» y cumples sus premisas, la ofensa desaparece, el enfado se disuelve y se convierte en una oportunidad de diálogo y de mejora en tus relaciones. Al expresar tu enfado «aristotélicamente» te reafirmas como persona y ganas dignidad.

PALABRAS PARA LA REFLEXIÓN

《《 *Aquellos que son amigos de todos no parece que sean amigos de nadie.*

ARISTÓTELES

《《 *El que estando enfadado impone un castigo, no corrige, sino que se venga.*

MONTESQUIEU

《《 *Aquello que provoque tu enfado me dirá mucho de tu persona indicándome qué es lo que valoras, qué te importa y el grado de éstos.*

CHINOGIZBO

《《 *La razón trata de decidir lo que es justo. La cólera trata de que sea justo todo lo que ella ha decidido.*

SÉNECA

Si te enfadas, piensa en las consecuencias.

CONFUCIO

Debemos dedicarnos sobre todo a crear campos de comprensión en lugar de campos de batalla.

SERGIO SINAY

La ecología emocional nos mueve a hacer compatible nuestra existencia con la de los demás seres del planeta, aplicando los principios de la sostenibilidad y el respeto. El camino del equilibrio es virtud. No es indefinición ni mediocridad; no es el todo vale, ni los tonos grises apagados elegidos por timoratos. Es la ruta más difícil, la que parte de la conciencia, de la reflexión y de la coherencia. Conjugar el verbo «equilibrar» no es nada fácil.

CONANGLA & SOLER

La mejor manera de escapar de un problema es resolverlo.

BRENDAN FRANCIS

El hombre de justa sensibilidad y razón recta, si se preocupa por el mal y la injusticia del mundo, busca naturalmente corregirla primero en aquello que más próximo a él se manifiesta; y eso lo encontrará en sí mismo. Esa obra le llevará toda la vida.

FERNANDO PESSOA

En eso consiste soltar amarras. En no resistirse a aceptar lo que es. En no acumular pesos emocionales, en no tragarlos continuamente porque tarde o temprano nos van a romper.

XAVIER GUIX

Preguntas para crecer

- ¿Cuál es el motivo más frecuente por el que te enfadas? ¿Tiene que ver con lo que sucede a tu alrededor? ¿Tiene que ver con lo que te sucede a ti?
- Cuando crees que todo el mundo hace las cosas mal, ¿puede que sea por algo que te ocurre a ti? ¿Cómo qué?
- ¿Cuál es tu grado de sensibilidad frente al enfado? ¿Puedes reajustarlo? ¿Cómo puedes hacerlo?
- ¿Cuándo te enfadas guardas tu enfado para ti sintiéndote víctima ofendida durante días? ¿Qué haces exactamente?
- ¿Expresas tu malestar con cortesía pero sin tapujos a la persona adecuada?
- ¿Crees que tu enfado es proporcional a la ofensa que has recibido?
- ¿Recuerdas cómo te has sentido alguna vez que una persona te haya insultado ante otros? ¿Puedes dar nombre a estas emociones?
- ¿Y tú has actuado así alguna vez? ¿Por qué? ¿Con qué resultados?
- ¿Cuál es tu propósito cuando expresas tu enfado a alguien? ¿Arreglar las cosas, desahogarte, vengarte?
- ¿Hablas en primer persona asumiendo la responsabilidad de lo que sientes o culpas al otro por lo mal que te sientes? ¿Qué consideras que puedes mejorar en la aplicación de la metáfora Aristóteles?

EJERCICIOS PARA PASAR A LA ACCIÓN

Aplica Aristóteles

Criterio «Persona adecuada»

Busca cinco situaciones en las que hayas expresado tu IRA a alguna persona inadecuada.

- ¿Por qué te desahogaste con ella en lugar de expresar tu enfado a la persona que te lo había generado?
- ¿Cuál fue el resultado de hacerlo así?

Criterio «Momento adecuado»

Busca 5 situaciones en las que hayas expresado tu ENFADO a quien correspondía pero en un momento poco oportuno.

- ¿Por qué consideras que no era un buen momento?
- ¿Qué consecuencias tuvo haberlo expresado entonces?

Criterio «Propósito justo»

Busca cinco situaciones en las que lo que te ha llevado a verbalizar tu IRRITACIÓN no haya sido para arreglar el problema sino tan sólo para «vengarte» del otro o desahogarte.

- ¿Cómo te sentiste después de haber lanzado tu basura emocional al otro?
- ¿Qué consecuencias tuvo tu conducta?

Busca cinco situaciones en las que aun contando con la persona adecuada, el momento adecuado y el propósito justo, no hallaste la «forma correcta» de expresar tu QUEJA.

+ ¿Te dirigiste al otro hablando de él o explicándole cómo te sentiste tú ante su conducta?
+ ¿Llegaste a solucionar el conflicto o iniciasteis una nueva discusión?

Para finalizar el ejercicio, busca una situación vivida en la que se hayan cumplido las cuatro premisas de «Aristóteles».

+ ¿Qué resultado obtuviste? ¿Cómo te sentiste tú? ¿Cómo crees que se sintió la otra persona implicada?

Informe revisión periódica emocional

Te has sometido a una *revisión periódica* de tus emociones de forma similar a la que te haces para valorar cómo está tu cuerpo físico.

Te acaban de entregar un informe en el que han identificado el *«estado de situación»* del enfado/ira. Se acompaña de la indicación de *los niveles (0-10)* que ocupa en tu mundo emocional y también indica las *emociones que suelen acompañar a tu enfado*. Al final del informe figura el *tratamiento* para evitar que te destruya por dentro o destruya tus relaciones con los demás.

¿Puedes redactarlo?

Saco del fatal

ÁREA EE Clima emocional

CONCEPTOS Cóctel emocional / La gestión adaptativa del caos emocional / Escáner emocional / Mapa mental / Fugas de energía

ACTITUDES Comprensión / Responsabilidad

EMOCIONES Frustración / Desánimo / Desesperanza / Soledad / Ira / Impotencia / Rencor / Resentimiento

RELATOS

Miedos

Laura arrastra consigo, desde hace muchos años, una gran bolsa llena de miedos. A veces, durante la noche, cuando no puede dormir, todos sus miedos salen de la gran bolsa, se hinchan, crecen y llenan su mente.

Hay miedos absurdos que la angustian profundamente. El miedo a que los demás oigan los pensamientos que fabrica. El miedo a que no se vuelva a hacer de día. El miedo a que una de sus arrugas divida su cara. El miedo a que su llave deje de abrir la puerta de su casa. El miedo a que se pueda traicionar y decir todo aquello a lo que tiene miedo y la tomen por loca; y el miedo a no poder decir nada, porque todo lo siente frágil e inestable. Laura teme que sus miedos la asfixien y la maten las palabras.

En su bolsa hay también miedos verdaderos: el miedo a no saber quién es y el temor a saberlo; el miedo a su soledad y el temor a tener compañía; el miedo a las otras miradas y el temor a que la dejen de mirar; el miedo a soñar y el temor al vacío si deja morir sus sueños; el miedo a arriesgarse y el temor a dejarlo de intentar; el miedo a amar y el pánico a dejarse amar; el miedo a vivir y el terror a morir.

Cuando salen sus miedos de la bolsa, Laura no sabe qué hacer y se agarra a sus miedos más absurdos para no enfrentarse a los miedos verdaderos.

Se cuenta que un joven preocupado por el cariz que, desde su punto de vista, estaba tomando su vida, se sentía decepcionado. Su amargura absoluta era por la forma tan inhumana en que consideraba que se comportaban todas las personas. Pensaba que ya nadie le importaba a nadie.

Un día, paseando por el monte, se quedó sorprendido al ver que una pequeña liebre le llevaba comida a un lince ibérico malherido que no podía valerse por sí mismo. Quedó tan impresionado al observar este hecho que regresó al día siguiente para ver si el comportamiento de la liebre era casual o habitual. Con enorme sorpresa pudo comprobar que la escena se repetía: la liebre dejaba un buen trozo de carne cerca del lince ibérico. Pasaron dos días más y la escena se repitió hasta que el lince recuperó las fuerzas y pudo buscar la comida por su propia cuenta.

Admirado por la solidaridad y cooperación entre los animales, se dijo a sí mismo:

—No todo está perdido. Si los animales, que son inferiores al ser humano, son capaces de ayudarse de este modo, mucho más lo pueden hacer las personas.

Decidido a vivir la experiencia, se tiró al suelo simulando estar herido y se puso a esperar que pasara alguien y le ayudara. Pasaron las horas, llegó la noche y nadie se acercó a ayudarlo. Pasó otro día y nada. Ya se iba a levantar, mucho más decepcionado que antes de empezar, con la convicción de que la humanidad no tenía remedio, cuando sintió dentro de sí todo el desespero del hambriento, la soledad del enfermo y la tristeza del repudiado. Su corazón estaba devastado; ya casi no sentía ni el deseo de levantarse. Entonces, en aquel instante, oyó una voz interior que le dijo:

—Si quieres encontrar a tus semejantes, si quieres sentir que todo ha valido la pena, si quieres seguir creyendo en la humanidad, deja de hacer de lince ibérico y, simplemente, sé la liebre.

VISIÓN

··

Todo un saco lleno de contenido emocional caótico
que es preciso gestionar

··

La metáfora del saco del «fatal» nos recuerda que «fatal» no es una emoción, es un juicio y una valoración.

> *Fatal. (Del Lat. fatālis).*
> *1. adj. inevitable.*
> *2. adj. Desgraciado, infeliz.*
> *3. adj. Malo.*
> **Diccionario de la Lengua Española**

«¡Qué fatalidad! ¡Qué mala suerte! ¡Todo me sale mal! ¡No puedo hacer nada!»

«¿Cómo estás?», «¡Fatal!», son palabras y expresiones que oímos a menudo en nuestro día a día. Lo cierto es que no podemos gestionar adaptativamente un «fatal». La metáfora del saco del fatal pretende recordarnos esto. Nos las habemos con todo un saco lleno de contenido emocional caótico. Y el desconocimiento de lo que hay, o la ignorancia de su dimensión, es fuente de inseguridad, desconfianza y miedo. Es necesario ser valientes y

arriesgarnos a abrir el saco para dejar que salga su conte-nido. A partir de aquí, podemos gestionar las emociones por desagradables que éstas sean.

¿Haces del «fatal» una forma de vivir? ¿Te sientes a menudo «fatal»? ¿Cómo gestionas este estado emocional? Cuando expresas a otras personas que te sientes así pero te limitas a lamentarte por ello y no actúas, te sitúas en una actitud pasiva emocionalmente desequilibrante. El hecho de sentirte fatal puede hacer que culpes a los demás o que vayas emitiendo, a veces de forma inconsciente, parte de la basura emocional que contienes al exterior. La queja, el no hacer nada, el lamento y el victimismo no te ayudarán a mejorar.

Lo cierto es que puedes hacerlo mucho mejor si comprendes que en un fatal pueden acumularse muchas emociones caóticas, desagradables y desequilibrantes que tal vez por desidia, incompetencia o inconsciencia, has dejado de gestionar.

El saco del fatal es elástico. En él pueden hallarse temas pendientes y sin cerrar de muchos años: Aquello que viste como una ofensa pero te has guardado sin expresar, los rencores, las recriminaciones, lo que recibiste como una agresión; la tristeza acumulada, las pérdidas que has tenido sin haber hecho los duelos correspondientes; la lluvia ácida recibida de personas que te rodean sin ningún «paraguas emocional protector» y que ha ido calando en ti rompiendo tu autoestima. Tal vez también se halla tu incapacidad para pedir afecto, abrazos, para decir «te quiero», para pedir «perdón»; el sentimiento de soledad; la falta de escucha, o el agotamiento… Lo cierto es que a medida que vas acumulando temas emocionales pendientes el *saco del fatal* se agranda y se hace más y más pesado.

¿Sabes que llevas este saco a cuestas todo el día? A menudo no eres consciente de ello hasta que en determinado momento sientes que «la vida te pesa», que ya no puedes más y que «te sientes fatal». ¡Ésta es tu gran oportunidad! Recuerda: un fatal no puede gestionarse, debes abrir el saco y permitirte sentir todas las emociones que contiene, por dolorosas que puedan ser. Darles nombre va a ser el primer paso para gestionarlas y algo muy liberador para ti. Como decía el poeta Miquel Martí i Pol, lo que está claro en las palabras está claro en la vida. ¿Qué informaciones importantes para ti guarda tu «saco de fatal»?

Puedes aprender a no acumular peso dentro de este saco. Cada día puedes revisar su contenido y dar salida a las emociones. Permítete escucharlas, y actúa con coherencia. Entonces, se trasforman en emociones más equilibrantes y agradables.

Todo lo que vives no tiene una carga negativa ni positiva por anticipado. Depende en buena parte de cómo gestionas cada situación, de tus filtros mentales, de tu competencia emocional, de tu coherencia en el eje mente-emoción-acción, de tu capacidad para buscar lo mejor en cada momento... Tú decides si optas por una vida ardua, pesada, en la que lleves arrastrando siempre un enorme «saco del fatal» que la haga insostenible y desgraciada, o bien una vida emocionalmente sostenible y ecológica, más equilibrante y con mayores niveles de bienestar y alegría.

PALABRAS PARA LA REFLEXIÓN

De lo que más me arrepiento en esta vida es de no ser otra persona.

WOODY ALLEN

No permitas que nadie diga que eres incapaz de hacer algo, ni si quiera yo. Si tienes un sueño, debes conservarlo. Si quieres algo, sal a buscarlo, y punto. ¿Sabes?, la gente que no logra conseguir sus sueños suele decirles a los demás que tampoco cumplirán los suyos.

WILL SMITH (*En busca de la felicidad*)

El hombre es víctima de una soberana demencia que le hace sufrir siempre con la esperanza de no sufrir más. Y así la vida se escapa, sin gozar de lo ya adquirido.

LEONARDO DA VINCI

Destruye la queja de «se me ha dañado» y destruido queda el daño.

MARCO AURELIO

¿Por qué se quejan de su suerte cuando la pueden cambiar tan fácilmente?

MARQUÉS DE SADE

La libertad de expresar lo que sentimos debe ir siempre unida a asumir la responsabilidad del impacto que nuestra conducta tendrá en nosotros mismos, en los demás y en el mundo.

CONANGLA & SOLER

≪ *Es necesario aprender a adaptarnos al ritmo de cada situación, de cada persona, como si bailásemos una danza,* un pas à deux. *Cuando conseguimos encontrar el «tempo», todo fluye y se vuelve más fácil: una conversación, una relación, el juego del amor y, también, el dolor. Todo tiene su tiempo, y aceptarlo nos permite formar parte de esta hermosa armonía.*

JAUME SOLER

≪ *Sufrimos porque nos identificamos.*

RAMIRO LA CALLE

≪ *Acuérdese de preguntarse a sí mismo: «¿Qué puedo aprender de esto?». La respuesta quizás haga que la experiencia valga la pena.*

LOU MARINOFF

PREGUNTAS PARA CRECER

- ¿Cuál ha sido el peor «saco del fatal» de tu vida?
- ¿Te has deshecho ya de él? ¿Cómo?
- Si aún no lo has hecho, ¿qué consecuencias tiene en tu vida llevarlo a cuestas?
- ¿De qué te quejas con mayor frecuencia?
- ¿Cuántos aspectos positivos hay en tu vida? ¿Puedes nombrar cinco?
- ¿Qué hay de positivo en el último problema que tuviste?
- Cuando te enfrentas a una situación, ¿tiendes a ver la parte positiva o la negativa?
- ¿Viajas a menudo con tu saco del fatal a cuestas? ¿Qué puedes eliminar de él?

- ¿Por dónde se fuga tu energía emocional?
- ¿En qué inviertes tu energía emocional disponible?
- ¿Tu forma de valorar las situaciones y las personas te ayuda o te dificulta cómo afrontarlas?
- ¿Qué piensas que ocurriría si en vez de pensar tanto en el problema que tienes, pensaras en cómo solucionarlo?

EJERCICIOS PARA PASAR A LA ACCIÓN

Abrimos el saco del fatal

Éste es un ejercicio para reflexionar cómo puedes autogestionarte mejor cuando «te sientes fatal».

Paso 1. Te das cuenta de que te dices: «Estoy fatal».

Paso 2. Imagínate un enorme saco con un letrero que pone «Fatal» y un enorme lazo que lo ata.

Paso 3. Abres el saco del «Fatal» y permites que de su interior surjan todas las emociones desagradables que contiene. Debes hacerlo sin censurarlas. Se trata de aplicar la metáfora del «Escáner emocional», pero de forma exhaustiva hasta que todo el contenido del saco se haya vaciado. Por ejemplo: Me siento: perdido, solo, impotente, frustrado, decepcionado, tenso, irritado, triste, desanimado, etcétera. Es muy posible que llegues a listar más de veinte emociones si tu FATAL es muy grande y pesado. Tranquilo, es normal.

Paso 4. Si llegas hasta aquí has avanzado bastante. Es como si hubieras expulsado el pus retenido en una herida. Has hecho drenaje emocional y te sientes mejor, sin tantos «nudos emocionales». Es el momento de hacer una pausa y serenarte. Andar, arreglar el jardín, pintar, hacer ejercicio, meditar, respirar…, algo que te ayude a centrarte.

Paso 5. Ya estás calmado. Ahora puedes trabajar con tu cerebro racional y hacer un mapa:

Mapa del «camino de acción»

- ¿Qué información te aporta cada emoción detectada en el ejercicio anterior? Se trata de extraer el mensaje que te aporta, incorporar esta información a tu mapa de situación y dejarla partir. Por ejemplo: Tristeza: Siento que he perdido algo importante para mí. Tal vez un proyecto que me importa.
- ¿Qué piensas que puedes hacer al respecto? Escribe todas las ideas que tengas, incluso las más descabelladas
- Coge cada una de las ideas y analiza los pros y los contras que tendría llevarlas a la acción.
- Elige una acción de mejora.
- Hazla.
- ¿Ha cambiado tu *feedback* emocional?
- ¿Qué conclusiones extraes de este ejercicio? ¿De qué «te has dado cuenta»?

EL TAPIZ QUE TEJIMOS JUNTOS

- 10 Por 100
- Bambú
- Erizos
- Casa de la palabra
- Una pared llena de nombres

El tapiz que tejimos juntos

No nos podemos convertir en seres humanos si nos aislamos de los demás. Nuestra mejor parte quedaría afuera. No surgimos de un vacío ni vamos a un vacío. Somos el resultado de muchos años de evolución, de muchas vidas entretejidas, de mucha herencia de nuestros antepasados. Su legado perdura en todos nosotros y nos constituye.

En este capítulo te proponemos reflexionar sobre ti mismo y los demás, sobre cómo te relacionas con semejantes y diferentes y los lazos o nudos con que te vinculas con ellos. Conocerás la estrategia del *10 por 100* para aprender a gestionar las diferencias; con el *bambú* recordarás la importancia de las raíces que nos sostienen y a prestar atención a los procesos; la parábola de los *erizos* te permitirá reflexionar sobre las distancias que adoptas en tus relaciones; entrarás en la *casa de la palabra* y conocerás sus posibilidades para dañar o para curar y te animaremos a pintar *una pared llena de nombres* en tu corazón.

10 por 100

Una de las leyes de la ecología es la «ley de la diversidad y riqueza de especies». Seguramente eres consciente de la importancia de preservar las diferentes formas de vida del planeta porque de su equilibrio depende nuestra vida. Y no obstante, ¡qué difícil puede llegar a ser lidiar con personas que piensan, creen, ven, hablan, sienten diferente a nosotros! En esta metáfora te planteamos la importancia de ser tú mismo con los demás sin permitir que esta diferencia sea un motivo de sufrimiento añadido.

Bambú

La metáfora del bambú te moverá a reflexionar sobre «los tempos» que requiere toda relación de calidad. ¿Qué papel juega la rapidez en tu mundo relacional? ¿Sientes que tus relaciones pueden aguantar los fuertes vientos de las crisis emocionales que la vida te depare? Te proponemos una reflexión sobre lo que te sostiene y lo que puede romperte y los ingredientes necesarios para ser más resiliente.

Erizos

Estos animalitos son simpáticos pero, a la vez, peligrosos si te pinchan con sus púas. Esta metáfora te propone reflexionar sobre las invasiones territoriales y sus consecuencias emocionales. En función de cómo gestiones tus espacios interiores y exteriores, vas a sufrir o a gozar en tus relaciones con los demás. Límites, fronteras, mecanismos de defensa o de protección forman parte de tu repertorio de estrategias para evitar sufrir.

Casa de la palabra

¿Te has preguntado dónde habitan tus palabras, de dónde surgen, en qué fuentes se alimentan? Seguramente alguna vez has sufrido alguna herida por *palabras-dardo*. Posiblemente alguien ha curado tu dolor con alguna *palabra-puente*. Todas las palabras tienen una carga emocional que te interesa conocer. Sólo así podrás hacer un uso responsable de tu lenguaje. ¿Cómo es tu casa de la palabra?

Una pared llena de nombres

¿Te has preguntado alguna vez cuántas personas han hecho posible que hoy tú estés aquí leyendo este libro? ¿Cuál es su legado, cómo ha afectado a tu vida? Esta metáfora te va a conectar con las fuerzas creadoras, con las huellas luminosas que hay en tu vida y que te mueven a dar lo mejor de ti mismo. Reconocerlas es conectarse con la enorme fuerza curativa de la gratitud.

10 por 100

ÁREA EE Relaciones y Vínculos

CONCEPTOS Biodiversidad / Ley de la diversidad y riqueza de afectos / Gestión adaptativa de la diferencia / Prevención de la contaminación emocional por la ofensa / Autocontrol / Liberación de energía disponible / Resiliencia / Juicios de valor / Autoestima

ACTITUDES Crítica / Perseverancia / Voluntad / Espíritu de mejora / Asertividad

EMOCIONES Rechazo / Desconfianza / Miedo / Tristeza / Ira / Frustración / Envidia / Valentía

Relatos

La mirada de los demás

Cuando Fred Astaire hizo su primera prueba cinematográfica, en 1933, el informe del director de pruebas de la Metro decía: «Incapaz de actuar, calvo, sólo sirve un poco para bailar»; Astaire conservó aquel informe y lo tenía enmarcado sobre la chimenea de su casa en Beverly Hills.

Por su parte, Albert Einstein no habló hasta los cuatro años y no aprendió a leer hasta los siete; su maestro lo describía como «Mentalmente lento y siempre abstraído en estúpidas ensoñaciones»; lo expulsaron del colegio y le negaron el ingreso en la Escuela Politécnica de Zúrich.

Winston Churchill no aprobó el sexto grado, no llegó a ser primer ministro hasta los sesenta y dos años, tras toda una vida de reveses, y sus mayores logros los consiguió cuando ya había cumplido los setenta y cinco.

Richard Bach, antes de poder publicar su libro *Juan Salvador Gaviota,* vio como el manuscrito era rechazado por dieciocho editoriales; tras ser publicado, vendió en cinco años más de 7 millones de ejemplares.

La luciérnaga y la serpiente

Cuenta la leyenda que, una vez, una Serpiente empezó a perseguir a una Luciérnaga. Ésta huía con miedo de la feroz depredadora, pero la Serpiente no pensaba desistir. Huyo un día, y la Serpiente no desistió, dos días, y la víbora seguía tras ella. En el tercer día, ya sin fuerzas, la Luciérnaga paró y le dijo a la Serpiente:

—¿Puedo hacerte tres preguntas?

—No acostumbro a permitirlo, pero como te voy a devorar, puedes preguntar –respondió la Serpiente:

—¿Pertenezco a tu cadena alimentaria? –preguntó la Luciérnaga.

—No

—¿Te hice algún daño?

—No

—Entonces, ¿por qué quieres acabar conmigo?

—Porque no soporto verte brillar.

VISIÓN

··

La metáfora del 10 por 100 simboliza la variabilidad humana y el hecho de que no vamos a gustar a algunas personas por el simple hecho de ser quienes somos

··

Y si en algún momento no detectamos el 10 por 100 y nos parece que no está… entonces ¡aparece! Es la representación de la diversidad de formas de ser, de pensar, de sentir y de posicionarse ante lo que sucede en el mundo.

El 10 por 100 nos recuerda que no es posible cumplir las expectativas de todo el mundo, y que, si lo intentamos, estamos abocados al más rotundo fracaso. Los ojos de los demás nos siguen, nos analizan y nos juzgan. Cuando nos relacionamos con un grupo humano sea a nivel familiar o profesionalmente –dar una conferencia, un curso, organizar a un equipo o desarrollar un proyecto– debemos contar con que, como mínimo, no gustaremos o seremos rechazados por el 10 por 100 de las personas. Esto forma parte de la variabilidad humana. La estrategia del 10 por 100 nos evita invertir nuestra energía en algo que no es posible evitar y así la liberamos para dedicarla a lo que está en nuestras manos mejorar.

Eres una persona diferente a todas las demás. Nunca ha habido y nunca volverá a existir alguien igual que tú. Esto te hace único y valioso.

El mundo es diverso y la diversidad es una riqueza, aunque también puede ser origen de algunos problemas cuando ves a los demás como competidores tuyos en lugar de considerarlos colaboradores en tu crecimiento personal.

Incluso a aquellas personas que te lo ponen difícil, puedes aprender a verlas como «entrenadores personales», puesto que te colocan retos ante los que puedes dar tus mejores respuestas y así desarrollar tus mejores potenciales. También puedes considerar molestas a las personas que no son o no piensan o no sienten como tú. Entonces tal vez huyas de ellas o te sientas agredido por ellas y acabes enfrentándote. Todo un desperdicio de energía emocional.

Podemos aplicar pues, el principio de realidad de la ecología emocional que afirma que*: Lo que es, es.* Así, si un día concreto en tu vida no aparece dicho 10 por 100, puedes considerar que has tenido un día excelente. Si, por el contrario, topas con esta resistencia, sólo tienes que recordarte: «¡Ah!, el 10 por 100», y continuar con tu tarea. No es nada personal. No puedes agradar a todos, y si lo intentas transitarás siempre en una zona de grises, sin definirte, de forma parecida a un camaleón que adopta los colores de tu medio, y te alejas de la creatividad.

Se explica que una noche de 1894, George Bernard Shaw asistió al estreno de su pieza teatral *Arms and the Man*. Cuando cayó el telón, el público comenzó a aplaudir con gran entusiasmo y Shaw subió al escenario para aceptar el homenaje que le rendían. En medio de la aclamación se oyó un silbido solitario procedente del fondo del teatro. Shaw levantó las manos en señal de silencio. Luego dirigió la mirada hacia la galería y dijo:

—Caballero, estoy de acuerdo con usted pero, ¿qué podemos hacer nosotros dos contra esta muchedumbre?

Forma parte de las estrategias de asertividad gestionar la crítica y el conflicto sin dejarse llevar por las emociones. En este caso, el famoso escritor reconoció que su crítico formaba parte del 10 por 100 de personas a las que, como poco, no vamos a agradar. En lugar de irritarse, aceptó el hecho y, como en él era habitual, aplicó su sentido del humor. Ni cargó con la crítica ni agredió al otro. ¡Muy inteligente!

PALABRAS PARA LA REFLEXIÓN

Nadie es como otro. Ni mejor ni peor. Es otro. Y si los dos están de acuerdo es por un malentendido.

JEAN PAUL SARTRE

Llega un día en que sólo sentimos indiferencia y cansancio por la estupidez de quien nos ha perseguido.

CESARE PAVESE

❮❮ *Creo que la ética empieza a hacerse presente cuando un individuo de nuestra especie percibe al otro como a un semejante diferente.*

SERGIO SINAY

❮❮ *¿Acaso no destruimos a nuestros enemigos cuando los hacemos amigos nuestros?*

ABRAHAM LINCOLN

❮❮ *No te puedo dar la fórmula del éxito, pero puedo darte la del fracaso: intenta complacer a todos.*

BILL COSBY

❮❮ *No necesito amigos que cambien cuando yo cambio y asientan cuando yo asiento. Mi sombra lo hace mucho mejor.*

PLUTARCO

❮❮ *Contra las estupideces no se puede polemizar.*

HARTWIG

❮❮ *Cuando en el mundo aparece un verdadero genio, puede reconocérsele por este signo: todos los necios se conjuran contra él.*

JONATHAN SWIFT

❮❮ *Tenemos nuestra subjetividad. Los demás, la suya. Tenemos nuestra razón. Los demás, también. Así pues, si queremos entendernos deberemos esforzarnos en dialogar, consensuar significados y contrastar pareceres. «No me robes mis palabras antes de que pueda explicarlas. No las saques del contexto en que las he enmarcado».*

SOLER & CONANGLA

> *Distintas costumbres, distintos hábitos, distintos temas de conversación, distinto sentido del humor. Distintos planetas, qué digo planetas, otras estrellas, otras galaxias.*
>
> IMMA MONSÓ

PREGUNTAS PARA CRECER

- ¿Cuál crees que es tu diferencia? ¿Qué combinación de diez características te hacen único en el mundo?
- ¿Qué tres cualidades o aptitudes valoras especialmente de ti mismo?
- ¿Sientes confianza en tu capacidad para dar respuesta a lo que la vida te depare?
- ¿Qué temes de la mirada y del juicio de los demás?
- ¿Qué dejas de hacer o de expresar por miedo a su desaprobación o comentarios?
- ¿Has dejado escapar alguna oportunidad en tu vida por no enfrentarte a tu «10 por 100»?
- ¿Forma parte de tus objetivos el gustar a todas las personas? ¿Cuánta energía inviertes en ello? ¿Con qué resultados?
- ¿Qué parte tuya no se desarrolla o aún no ha salido por miedo al rechazo?
- ¿Has sido o eres el 10 por 100 de alguna de las personas con las que convives?
- ¿Qué acciones concretas puedes hacer para ser más asertivo y ser capaz de valorar tu *diferencia* ante los demás?

EJERCICIOS PARA PASAR A LA ACCIÓN

La balanza de mí mismo

Haz una lista de cinco cosas que tú crees acerca de ti mismo y otra acerca de lo que piensas que creen los demás. Al finalizarla, haz una suma metafórica del peso de cada columna.

Lo que creo de mí mismo

Lo que creo que los demás piensan de mí

_____

_____

_____

_____

_____

_____

_____

_____

_____

_____

Peso:

Peso:

¿Las características que has destacado son positivas o negativas? ¿Qué predomina en ambas columnas? ¿Qué conclusiones extraes de esta reflexión? ¿Puedes pensar alguna estrategia para eliminar o aumentar el peso de alguno de estos platos de la balanza?

Dos cartas importantes

A partir del trabajo realizado en el ejercicio anterior, te sugerimos hacer dos cartas dirigidas a ti mismo.

- ◆ En la primera buscarás todas las características positivas que has destacado y te las vas a agradecer argumentado el porqué. Por ejemplo: *Me agradezco mi fuerza de voluntad que me permite...*
- ◆ En la segunda se trata de enumerar cada uno de los cinco aspectos que crees que los demás piensan de ti. También te agradeces aquello que es positivo para ti. Respecto a lo negativo que hayas resaltado en esta columna, se trata de que vayas enumerando lo que has escrito cuestionándote a continuación la afirmación. Por ejemplo: *Creen que soy desagradecido. ¿Qué estoy haciendo concretamente para mostrar agradecimiento a los demás?* Si no hallas nada que lo contradiga, puedes tomar esta crítica como un punto de mejora a trabajar en tu vida. Al final de esta segunda carta puedes poner un apartado de PUNTOS DE MEJORA. Así has trasformado el 10 por 100 en una oportunidad de crecimiento personal.

Bambú

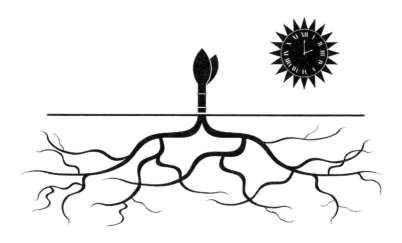

ÁREA EE Relaciones y Vínculos

CONCEPTOS Ecosistema relacional / Resiliencia / Energías emocionales / Espacios protegidos / Crisis emocionales / Familia elegida

ACTITUDES Paciencia / Respeto / Atención a los procesos / Flexibilidad / Prudencia / Silencio / Solidaridad / Generosidad

EMOCIONES Amor / Felicidad / Alegría / Confianza

Relatos

El bambú japonés

Algo muy curioso ocurre con el bambú japonés. Parece ser que su cultivo no es apto para personas impacientes. En realidad, parece que no pasa nada con la semilla durante los primeros siete años, hasta el punto de que el cultivador inexperto cree haber comprado semillas infértiles. Sin embargo, durante el séptimo año, en un período de sólo seis semanas, la planta de bambú crece más de treinta metros.

¿Significa esto que tardó tan sólo seis semanas en crecer? No. El hecho es que se tomó siete años y seis semanas para desarrollarse. Durante los primeros siete años de inactividad aparente, el bambú estaba generando un complejo sistema de raíces que le permitirían sostener su crecimiento posterior. Así, cuando llegan los fuertes vientos, el bambú no se rompe porque se doblega al ser flexible. Sus extensas y fuertes raíces le permiten mantenerse en pie.

Rituales necesarios

El zorro se calló y miró largamente al Principito:

—Por favor… ¡domestícame! –dijo.

—Me parece bien –respondió el Principito–, pero no tengo mucho tiempo. Tengo que encontrar amigos y conocer muchas cosas.

—Sólo se conoce lo que uno domestica –dijo el zorro–. Los hombres ya no tienen más tiempo de conocer nada. Compran cosas ya hechas a los comerciantes. Pero como no existen comerciantes de amigos, los hombres no tienen más amigos. Si quieres un amigo, ¡domestícame!

—¿Qué hay que hacer? –dijo el Principito.

—Hay que ser muy paciente –respondió el zorro–. Te sentarás al principio más bien lejos de mí, así, en la hierba. Yo te miraré de reojo y no dirás nada. El lenguaje es fuente de malentendidos. Pero cada día podrás sentarte un poco más cerca…

Al día siguiente el Principito regresó.

—Hubiese sido mejor regresar a la misma hora –dijo el zorro–. Si vienes, por ejemplo, a las cuatro de la tarde, ya desde las tres comenzaré a estar feliz. Cuanto más avance la hora, más feliz me sentiré. Al llegar las cuatro, me agitaré y me inquietaré; ¡descubriré el precio de la felicidad! Pero si vienes en cualquier momento, nunca sabré a qué hora preparar mi corazón… Es bueno que haya ritos.

—¿Qué es un rito? –dijo el Principito.

—Es algo también demasiado olvidado –dijo el zorro–. Es lo que hace que un día sea diferente de los otros días, una hora de las otras horas. Mis cazadores, por ejemplo, tienen un rito. El jueves bailan con las jóvenes del pueblo. ¡Entonces el jueves es un día maravilloso! Me voy a pasear hasta la viña. Si los cazadores bailaran en cualquier momento, todos los días se parecerían y yo no tendría vacaciones.

Fragmento de *El Principito* de SAINT-EXUPERY

Visión

*La metáfora del bambú nos lleva a respetar el tiempo
y el proceso de cada persona y a valorar la importancia
de los vínculos afectivos para enraizarnos a la vida*

Para vincularnos afectivamente, los humanos necesitamos rituales, paciencia y tiempo para procesar nuestras emociones, para construir el difícil territorio de la confianza que será la mejor base para que crezca la semilla del amor.

El bambú no da señales de vida durante años. Uno diría que lo que se ha sembrado no ha valido la pena. Pero si la tierra es buena, si está preparada y contiene los nutrientes necesarios, aunque nada se vea, la semilla echa raíces que se van enraizando en la tierra, van extendiendo ramas y ramas, ampliando territorio y creando una base fuerte y estable. Será esta base lentamente construida la que evitará que cuando lleguen vientos fuertes de tempestad, esta planta se rompa. Su flexibilidad, avalada por las extensas raíces, permitirá a la planta doblegarse sin quebrarse.

De la misma forma ocurre con las relaciones personales y con la educación. Una buena relación no puede construirse rápidamente, hacen falta muchos ingredientes: tiempo, conocimiento, experiencias compartidas, vitaminas emocionales, respeto…, si se dan y se persevera en ella, nacerá el amor. Y es el amor nuestro principal nutriente, lo que nos hace resilientes ante la adversidad, lo que evita que nos quebremos cuando la vida nos pone ante paisajes de sufrimiento y adversidad.

¿Intentas acelerar tus procesos emocionales? ¿Te impacientas cuando una relación no avanza a la velocidad que desearías? De igual forma que sería absurdo estirar los tallos de las plantas hacia arriba para que crecieran más rápido, igualmente lo es pensar que puedes acelerar a tu gusto los procesos emocionales propios y de otras personas.

Recuerda esta metáfora del bambú. Para que una relación sea sólida necesita tiempo, aunque también es cierto que sólo el tiempo por sí mismo no consigue crear una buena relación. Hace falta una tierra preparada llena de nutrientes, fértil. ¿Eres una buena «tierra»? ¿Estás preparado para que en ti crezcan las semillas de relaciones basadas en la confianza, el respeto, la generosidad y el amor?

Piensa en tus raíces. ¿Qué nutrientes te aportan? ¿Te hace falta algún nutriente para crecer? ¿Y tú que te aportas a ti mismo?

Si gozas de vínculos afectivos fuertes, estás en las mejores condiciones para crecer, para dar salida a tus mejores potenciales, para arriesgarte a dar lo mejor de ti mismo. Tu base será tu sostén. ¿Y tú formas parte de las raíces de alguien? ¿Eres capaz de ser humilde y ser una base donde otro ser se sustente? Puedes ser todo a la vez: planta de bambú que crece dirigiéndose al sol y raíz humilde que sin dejarse ver está y permite que otros crezcan. Crecer y servir, de esto trata la vida.

Eres responsable de lo que *haces nacer.* Una relación es parecida a una planta, una vez nace, precisa cuidados, que la rieguen, la luz del sol, agua, fertilizantes… Si no la cuidas, puede morir antes de llegar a ser aquella planta maravillosa que ya es potencialmente la semilla sembrada. ¿Se ha te ha muerto alguna relación por falta de atención? ¿Cómo te has sentido?

La metáfora del bambú también hace referencia a las redes de afecto familiares. ¿Sabes que uno de los elementos que más favorece la felicidad y el bienestar y salud emocional es poder contar con una fuerte y tupida red de afectos?

Tus relaciones afectivas, siempre y cuando estén bien asentadas, como ocurre con las raíces del bambú, son tu mejor red de protección en momentos de dificultad y crisis. Personas que te acompañan sin juzgarte, sin coaccionarte, sin imponerte su criterio; que te escuchan, que saben estar en silencio sin incomodarse; personas a las que puedes acudir sabiendo que estarán contigo en momentos difíciles y también en momentos de alegría. Éstas son las raíces que te ayudarán a mantenerte firme cuando los vendavales de la vida te quieran voltear.

PALABRAS PARA LA REFLEXIÓN

La flexibilidad es la vida, la rigidez es la muerte.
LAO TSE

Soy un ser vivo que resueno en el otro.
CARME SENSERRICH

Ecosistema relacional: Formado por nuestra casa interior y los afectos que nos vinculan a los demás. Formado por nuestra casa exterior y las relaciones que entrelazamos unos con otros, a veces, con hilos sutiles pero fuertes que permiten el propio vuelo, y otras, con cadenas pesadas que nos inmovilizan.
CONANGLA & SOLER

Vivimos nuestra vida ante los demás; todos crecemos con testimonios. Se trata de una gesta solitaria que se realiza en público.

ROSA MONTERO

Familias emocionalmente ecológicas: Aquellas basadas en vínculos de afecto más que en los vínculos genéticos o de sangre. Redes sutiles que nos permiten construir la confianza necesaria para vivir en entornos cada vez más cambiantes e inciertos. Personas que se eligen libre y responsablemente y que no están ancladas en estructuras ni esquemas prefijados. Núcleos protegidos de la contaminación emocional externa, donde uno puede crecer y ser, y donde, una vez crecido, puede echar a volar para desplegar el propio plan vital.

CONANGLA & SOLER

Amaos los unos a los otros o pereceréis.

MORRIE SCHWARTZ

Si sabes que todo es provisional, haz en tu interior un refugio, un reducto y defiéndete de la fluctuación de afuera, llevando allí a menudo tu mirada.

MIQUEL MARTÍ I POL

Sólo podemos aspirar a dejar a nuestros hijos dos legados duraderos: uno, raíces; el otro, alas.

HODDING CARTER

Años después de dar a luz, me convertí en madre.

ERICA JONG

No se puede apresurar una vida, no se puede resolver según un plan como tanta gente pretende.

BRIAN WEISS

PREGUNTAS PARA CRECER

- ¿Qué te sostiene en tu vida?
- ¿Cómo visualizas tus raíces? ¿Pocas o muchas? ¿Se dirigen hacia adentro o son superficiales? ¿Están muy ramificadas?
- ¿Qué relaciones potentes forman tu base de raíces?
- ¿Te has sentido alguna vez sin raíces que te sustentaran? ¿Qué emociones has sentido? ¿Te has llegado a quebrar?
- ¿Eres aún un bambú en estado latente esperando asomar la cabeza a la superficie? Si es así, ¿a qué esperas? ¿Qué condiciones deben darse en tu vida para que decidas crecer plenamente?
- Si te visualizas como raíz..., ¿qué tipo de raíz serías? ¿Asomarías afuera de la tierra? ¿Serías una raíz muy profunda? ¿Te ramificarías?
- ¿De las raíces de qué personas consideras que formas parte? ¿A quién alimentas y sustentas emocionalmente? ¿Por qué? ¿Qué les aportas para crecer?
- ¿Te consideras una persona paciente? ¿Puedes pensar tres conductas tuyas que lo demuestren?
- ¿Eres respetuoso con los procesos que necesitan hacer los demás o más bien intentas acelerarlos para adecuarlos a tu propio ritmo? ¿Qué impacto tiene en tus relaciones la conducta que sueles adoptar?
- ¿Te sientes satisfecho del crecimiento actual de tu bambú? Si no es así, ¿qué consideras que lo frena? ¿Esperas que venga alguien a alimentarlo? ¿Qué puedes hacer para eliminar los factores que no le permiten crecer?

Ejercicios para pasar a la acción

Tu bambú

Dibuja un bambú en una hoja de papel. Este bambú eres tú. Dibuja la línea de la tierra y también las raíces que te sostienen. Da nombre a cada raíz. ¿Qué diferentes relaciones de calidad forman la red de vínculos que te nutren afectivamente? Tú eres el tallo. Dibuja su tamaño. Señala hasta dónde desearías llegar a crecer. Piensa en cómo deberías reforzar tus raíces para que no te quiebres y seas capaz de mantenerte flexible. Anótalo en la hoja como elementos de la tierra que debes preparar para el crecimiento de esta planta. ¿Qué conclusiones has extraído de esta reflexión? ¿Has detectado alguna línea de acción y mejora?

Un abono emocional muy especial

Vas a lanzar al mercado un abono emocional muy especial que si se aplica en los «bambúes» les permitirá crecer equilibradamente, a la vez en longitud y en raíces. Lleva incorporado cuatro ingredientes: emociones y sentimientos o actitudes cuya fórmula debes escribir indicando su porcentaje.

Fórmula:	% +	% +	% +	%

Erizos

ÁREA EE Relaciones y Vínculos / Espacios y Territorios

CONCEPTOS Límites / Invasión territorial / Distancia adecuada / Vínculos afectivos / Empatía / Habilidades de relación / Abono emocional / Mecanismos de protección y defensa / Bienestar emocional/ Vulnerabilidad

ACTITUDES Respeto / Responsabilidad / Compromiso / Asertividad

EMOCIONES Soledad / Afecto / Irritabilidad / Confianza / Sufrimiento / Miedo / Ansiedad

RELATOS

La parábola de los erizos

En una noche oscura y fría, algunos erizos descubren que si se juntan tienen menos frío. Se acercan cada vez más, pero son erizos, y se pinchan unos a otros. Asustados, se apartan. Cuando se alejan, se lamentan de haber perdido calor, pero al mismo tiempo temen pincharse. Pasado un tiempo, y venciendo al miedo, vuelven a juntarse y se pinchan de nuevo. Así siguen durante algún tiempo hasta que descubren una distancia que les permite darse calor sin pincharse. Es la distancia adecuada en la que se dan «calor» sin hacerse daño.

Adaptación de SOLER & CONANGLA
de texto de SCHOPENHAUER

Cuando dos corazones se alejan

Un día, Meher Baba preguntó a sus mandalíes lo siguiente:
—¿Por qué las personas se gritan cuando están enojadas?
Los hombres pensaron unos momentos.
—Porque pierden la calma –dijo uno–, por eso gritan.
—Pero ¿por qué gritar cuando la otra persona está a tu lado? –preguntó Baba– ¿No es posible hablarle en voz baja? ¿Por qué gritas a una persona cuando estás enojado?
Los hombres dieron algunas otras respuestas pero ninguna de ellas satisfacía a Baba. Finalmente él explicó:
—Cuando dos personas están enojadas, sus corazones se alejan mucho. Para cubrir esa distancia deben gritar, para

poder escucharse. Mientras más enojados estén, más fuerte tendrán que gritar para escucharse uno a otro a través de esa gran distancia.

Luego Baba preguntó:

—¿Qué sucede cuando dos personas se enamoran? Pues que ellos no se gritan sino que se hablan suavemente, ¿por qué? …Sus corazones están muy cerca. La distancia entre ellos es muy pequeña.

Los discípulos lo escuchaban atentos y Baba continuó:

—Cuando se enamoran más aún ¿qué sucede? No hablan, sólo susurran y se vuelven aún más cerca a su amor. Finalmente no necesitan siquiera susurrar, sólo se miran y eso es todo. Así es, observad lo cerca que están dos personas que se aman. Así pues, cuando discutáis no dejéis que vuestros corazones se alejen, no digáis palabras que los distancien más. Llegará un día en que la distancia sea tanta que ya no encontréis el camino de regreso.

VISIÓN

••

La metáfora de los erizos nos señala la importancia de saber hallar las distancias adecuadas, el punto de equilibrio y los límites en cada relación

••

El erizo es un mamífero insectívoro que tiene el pelo de la parte superior del cuerpo mezclado con afiladas púas. Estas púas son esenciales como mecanismo de defensa, pues le permiten replegarse sobre sí mismo y hacerse una esfera casi perfecta que oculta las partes más débiles de su cuerpo, y cuya disposición permite que éstas se orienten hacia todas las direcciones. De esta forma, además de ser una defensa, se convierten también en una amenaza potencial hacia sus depredadores. Las púas de los erizos los protegen a la vez que les sirven de arma de defensa y de ataque.

Los seres humanos nos sabemos vulnerables y no queremos sufrir, pero vivir alejados de los demás para evitar que nos hieran es vivir huidos de nosotros mismos y de nuestra humanidad. Nuestras habilidades emocionales nos protegen y nos permiten crear un entorno emocional adecuado donde crecer equilibradamente.

Hallar la distancia adecuada en cada caso y en cada relación es todo un arte. Si nos acercamos demasiado nos pinchamos con nuestras púas, como les ocurre a los erizos. Pero si nos alejamos demasiado, sentimos el frío de la soledad y la desconexión y añoramos la cálida cercanía de otros cuerpos y otras almas. Por ello, nos volvemos a acercar esperando que las púas de los demás no nos vuelvan a dañar.[1] La maniobra de alejamiento y acercamiento instintiva del erizo hasta encontrar la distancia donde se siente confortable y recibe el calor suficiente sin ser herido, es una estrategia emocionalmente ecológica si la trasladamos al terreno de las relaciones humanas. Desafortunadamente, en nuestras relaciones afectivas no siempre somos capaces de hallar esta distancia adecuada.

Alguna vez habrás notado que al acercarte demasiado a nivel físico o afectivo a otra persona, ésta hace algún movimiento de rechazo, incomodidad o se activa emocionalmente enfa-

---

1   *Corazón que siente, ojos que ven.* MERCÈ CONANGLA y JAUME SOLER. Booket, 2012.

dándose. Has cruzado el límite que ella desea y lo vive como una *invasión de su territorio*. Es el momento de retroceder hasta que te dé implícita o explícitamente el permiso para acceder a su espacio. Metafóricamente «ha sacado sus púas», y darte cuenta de esto es una gran oportunidad para mejorar la calidad de tus relaciones. A veces algo aparentemente tan simple como un consejo no solicitado, una opinión, una pregunta o determinada actitud corporal, puede ser vivido como una invasión de su intimidad o libertad.

Pueden ser púas: los insultos, las críticas, el silencio-pared, un gesto de rechazo, la ausencia de mirada, el sentirse ignorado, las descalificaciones, los «noes», la agresividad verbal de todo tipo, la frialdad, el rechazo, la burla... ¿De qué púas te vales tú para alejar a los demás de ti?

A lo largo de tu vida habrás clavado o te habrán clavado algunas «púas emocionales». Ésta es una experiencia de la que nadie se salva. Consiste en notar que las palabras, las actitudes, las conductas de otras personas te hieren, se te clavan. Lo sientes física y emocionalmente y sufres. A veces, pasivamente, aguantas el dolor. Tal vez huyes, te lamentas, lloras o lo reprimes (mecanismo de pasividad y represión emocional). En otros casos, despliegas tus púas y las utilizas para mantener alejado al otro (mecanismo de protección). También puedes clavar tus púas llevado por el dolor y hacerle sufrir a su vez (mecanismo agresivo). Quien más quien menos tiene todo este repertorio. No obstante, si te alejas demasiado de los demás para no herir o no ser herido, estarás muy solo y te será muy duro sobrevivir. El afecto es uno de los elementos imprescindibles para la vida, y una buena red de relaciones afectivas de calidad son la mejor garantía para tu bienestar vital. ¿Cómo saber entonces cuál es la distancia correcta? Atender tus emociones es la mejor estrategia para saberla encontrar. Ellas te informan sobre si tu respuesta en cada momento es adaptativa o no.

En cada una de tus relaciones tienes la responsabilidad de hallar esta distancia. Habrá personas con las que tienes tal confianza que las púas estén de más. La confianza te permite el acercamiento y la intimidad con el otro sin necesidad de defensas. Sabes que no te dañará ni utilizará en tu contra tu vulnerabilidad. Esto es fantástico y permite una calidad de relación que es preciso valorar y agradecer. Tal vez no haya muchas personas con las que no haga falta «hacer el erizo», pero si existe alguna vale la pena que cuides especialmente esta relación. Es única y valiosa.

Cuando alguien cruza esta distancia adecuada sientes señales de alerta, ansiedad, deseo de huir, rechazo, nerviosismo, incomodidad, deseos de estar en otra parte, aversión, miedo o irritación. Atiéndelas. Te comunican que debes marcar límites o protegerte; tal vez necesitas adquirir nuevos recursos para responder adecuadamente al control, a la presión o al juicio del otro; quizás te informan de que aquella persona no te conviene. En todo caso, tu «erizo ha activado sus púas», y si el del otro también lo hace, puede iniciarse un conflicto que puede acabar con heridas emocionales para ambos.

Si no actúas gestionando ecológicamente todas estas emociones, éstas toman el control y pueden disparar púas en todas las direcciones indiscriminadamente dañando incluso a quien tan sólo «pasaba por allí».

Has hallado la mejor distancia en cada relación cuando estando con el otro te sientes tranquilo, confiado, sereno y puedes mostrarte empático y atento a sus señales. Éste es el mejor clima en el que tus relaciones pueden crecer en calidad y donde tú vas a crecer como persona. «Ser tú mismo con los demás» es un gran reto. Si eres capaz de definir bien los límites y hallar esta distancia adecuada, no te será necesario activar tus púas emocionales ni levantar barreras. Tus relaciones afectivas serán sanas y aumentará tu bienestar personal y autonomía en todos los aspectos de tu vida.

PALABRAS PARA LA REFLEXIÓN

El lenguaje del amor es un lenguaje secreto y la más alta expresión es un silencioso abrazo.

ROBERT MUSIL

El amor nunca muere de hambre, pero muchas veces muere de indigestión.

NINÓN DE LENCLÓS

Ya sea que el cuchillo caiga en el melón o el melón en el cuchillo, quién siempre sufre es el melón.

ANÓNIMO

No consigo dormir. Tengo una mujer atravesada entre los párpados. Si pudiera, le diría que se vaya; pero tengo una mujer atravesada en la garganta.

EDUARDO GALEANO

Vivimos de espaldas unos de otros. Tratamos de evitar toda complejidad. No nos permitimos la curiosidad, el interés, la mezcla. No nos lo permiten. No hay una orden taxativa, pero esta sociedad no propicia eso, sino lo contrario, la competitividad, la agresividad.

SOLEDAD PUÉRTOLAS

Hemos aprendido a volar como los pájaros, a nadar como los peces y todavía no aprendimos a vivir como hermanos.

MARTIN LUTHER KING

Para vivir en sociedad hay que tener la sabiduría del erizo: saber a qué distancia ponerse del otro para no lastimarse.

ARTHUR SCHOPENHAUER

Las veces que he fracasado he estado dominada por otra persona. Las veces que he triunfado he estado en dominio de mí misma.

KATHERINE HEPBURN

Quien ha perdido la confianza en el mundo está condenado a una eterna soledad entre los hombres. Nunca verá en el otro a un prójimo, sino siempre sólo a un enemigo.

JEAN AMÉRY

¿Dónde empieza la boca?, / ¿en el beso?, / ¿en el insulto?, / ¿en el mordisco?, / ¿en el grito? / ¿en el bostezo?, / ¿en la sonrisa?, / ¿en el silbo?, / ¿en la amenaza?, / ¿en el gemido? / Que le quede bien claro: / donde acaba tu boca, / ahí empieza la mía.

MARIO BENEDETTI.

PREGUNTAS PARA CRECER

- ¿En qué te ayudan a crecer o te limitan las personas con las que convives o te relacionas con mayor frecuencia?
- ¿Crees que sería mejor tu vida si te alejaras o acercaras más a algunas de las personas de tu entorno? ¿Por qué no lo haces?
- ¿Alguna vez has sentido que te clavabas púas a ti mismo? ¿Por qué?
- ¿Qué cosas que te dices mentalmente son púas que te dañan?
- ¿Qué situación o personas concretas suelen provocar que saques tus púas a modo de defensa?
- ¿Qué púa clavada por otro te ha provocado mayor nivel de dolor o sufrimiento?
- ¿Con qué frecuencia clavas tus púas a los demás? ¿Sientes que alguien te hiere cuando te aproximas? ¿Qué podrías hacer para que la situación mejorara?
- ¿Qué palabras, expresiones, actitudes o conductas concretas te hacen sentir mejor/peor cuando estás con alguien? ¿Tú mismo utilizas algunas de ellas? ¿Por qué? ¿Qué impacto tiene en tu vida esta estrategia?
- ¿Qué crees que pasaría si consiguieras quedarte sin ninguna púa? ¿Tu vida sería mejor o peor? ¿Por qué?
- ¿Qué diferencias crees que hay entre protegerse, defenderse o atacar? ¿Puedes poner un ejemplo de una conducta tuya de cada tipo?

EJERCICIOS PARA PASAR A LA ACCIÓN

Los erizos de tu vida

Dibuja un grupo de erizos que representen las personas con las que más te relacionas en este momento de tu vida. Dibújate a ti mismo en el centro de la hoja y al resto de personas a la distancia que creas que están respecto a ti en este momento.

- ¿Cuál de los erizos está demasiado cerca? ¿Por qué?
- ¿Cuál/es de sus púas te están hiriendo? ¿Cuál es tu sentimiento al respecto?
- ¿Hay alguna de tus púas que esté hiriendo a alguien de los que has dibujado más cerca?
- ¿Cuál de los erizos está más lejos? ¿Qué desearías al respecto?
- ¿Cuáles son los erizos que, a tu juicio, están situados a la distancia adecuada? ¿Cómo son tus relaciones con ellos?

Resitúa a cada uno de los erizos en el lugar que crees que deberían ocupar respecto a ti para sentirte tranquilo y sin ansiedad.

- ¿Qué pasos podrías hacer para conseguir esta nueva situación?
- ¿En qué crees que te beneficiaria?

Lo que tengo de cada animal o planta

En el reino animal y vegetal, al igual que ocurre con los seres humanos, hallamos diferentes estrategias para protegerse, escapar, esconderse, hacer que desistan o atacar. La finalidad es mantenerse a salvo de los peligros y dejar pasar sólo a aquellos seres que no representen daño alguno. Este ejercicio consiste en que averigües qué características o estrategias de los siguientes animales o plantas adoptas tú en tus relaciones personales. Coloca el comentario al lado de cada uno de ellos:

Ser vivo	Estrategias que también uso yo
Tela de araña	
Tinta de calamar	
Caparazón de tortuga	
Pinchos del cactus	
Mimetismo del camaleón	
Garras del tigre	
Asfixia de la serpiente	
Picadura de la araña	
Mordisco de perro	
Aguijón de la avispa	
El aullido del lobo	
Otros:	

Analiza el impacto que tiene utilizar estas conductas para poner distancia o protegerte del peligro. ¿Qué otras formas más adaptativas y ecológicas podrías utilizar para sentirte más confiado cuando te relacionas con los demás?

Casa de la palabra

ÁREA EE Relaciones y Vínculos

CONCEPTOS Clima emocional / Autocontrol / Habilidades de relación / Empatía / Habilidades de comunicación / Palabras-dardo *vs.* Palabras-puente / Bienestar emocional

ACTITUDES Humildad / Generosidad / Escucha / Atención / Silencio

EMOCIONES Confianza / Calma / Serenidad

Relatos

La casa de la palabra

En Mali, en un pequeño poblado perdido, se encuentra la casa de la palabra. Allí van los viejos de la tribu para negociar y llegar a acuerdos si aparece algún conflicto en la población.

La casa de la palabra está levantada con ocho columnas de adobe, no tiene paredes y sólo está cubierta con un techado de pajas y ramas. Así no hay barreras, ni obstáculos, ni muros y las palabras pueden fluir, volar a su aire, y danzar enlazándose las unas con las otras.

La altura de esta casa es de, aproximadamente, un metro veinte. Para poder entrar en ella, es necesario agacharse y bajar la cabeza. Los habitantes del poblado nos explican que sirve para recordar a quien entra que debe ser humilde para comunicarse con los demás.

La casa de la palabra está vacía de muebles. Los que acceden a ella se sientan en el suelo unos delante de otros. De pie no pueden estar, porque su escasa altura lo impide. Así, cuentan los aldeanos, cuando alguno de los negociadores, llevado por la ira o por la pasión de la discusión, se levanta agitado para abalanzarse sobre el otro, se da un fuerte golpe en la cabeza. El dolor que siente le recuerda que hay que ser paciente y que dejarse llevar por el enfado sólo sirve para finalizar el diálogo.

En Mali, en un pequeño poblado perdido, se encuentra la casa de la palabra. La sabiduría y grandeza de su gente es tan enorme como pequeña es la casa y humilde, el poblado.

Todas las palabras

A la casa de las palabras, soñó Helena Villagra, acudían los poetas. Las palabras, guardadas en viejos frascos de cristal, esperaban a los poetas y se les ofrecían, locas de ganas de ser elegidas: ellas rogaban a los poetas que las miraran, que las olieran, que las tocaran, que las lamieran. Los poetas abrían los frascos, probaban las palabras con el dedo y entonces se relamían o fruncían la nariz. Los poetas andaban en busca de palabras que no conocían, y también buscaban palabras que conocían y habían perdido. En la casa de las palabras había una mesa de los colores. En grandes fuentes se ofrecían los colores y cada poeta se servía del color que le hacía falta: amarillo limón o amarillo sol, azul de mar o de humo, rojo lacre, rojo sangre, rojo vino…

Eduardo Galeano

Visión

··

La metáfora de la casa de la palabra nos conecta a la comunicación y nos ayuda a tomar conciencia de la necesidad de asumir la responsabilidad de lo que decimos y de cómo lo decimos

··

Lo cierto es que las palabras no son neutras: pueden ser puentes que nos unan o bien dardos que se claven. Por esto es tan importante aprender a utilizarlas responsable y amorosamente.

¿Dónde nace la palabra? ¿Dónde vive? ¿Cómo crece? ¿Cómo aprende a volar? ¿Cómo se colapsa y se queda sin

alas? ¿Cómo se convierte en puente que une o en dardo
que hiere? La palabra nace en nuestro interior, en la
casa de la mente, y pronto aprende a volar hacia el co-
razón para llenarse de todos los colores de las emociones.
Se viste, según los casos, de luz o de sombra, se protege
en muros densos para sentirse segura o bien se arriesga a
volar libre, sin defensas y sabiéndose vulnerable, pero al
mismo tiempo suficientemente fuerte para la aventura
de la comunicación que le espera. La palabra puede na-
cer de un silencio lleno de reflexión o puede aflorar del
pozo de la inconsciencia donde, a veces, se cría y crece.
Cuando parte del silencio, la palabra suele ser precisa y
coherente, hija de la verdad que cada uno de nosotros
lleva en su interior. Cuando aflora del pozo de la irre-
flexión y el miedo, se trasforma en un dardo que hiere a
quien se cruza en su camino.[2]

La palabra vive en ti y te construye. Las palabras que te
llegan son piezas con las cuales vas a levantar tu edificio
interior.[3] Si te llegan de casas amorosas te acariciarán y apor-
tarán energía para enfrentar las dificultades. En cambio, si
vienen de casas cerradas o de pozos profundos, si nacen del
miedo, del caos emocional o del ruido interno, te pueden
hacer daño y desequilibrar tu base. Tu autoconcepto y tu
autoestima se nutren de estas piezas, al mismo tiempo fuertes y frágiles: palabras que curan, que consuelan, que ani-
man, que retan, que unen…, palabras que hieren, que pro-

---

2   *Crisis emocionales.* Mercè Conangla. RBA Bolsillo.
3   Texto de *La casa de la palabra* adaptado de artículo de Mercè Conangla publicado
en la revista *RE.*

híben, que aprisionan, que hunden, que dividen. ¿Cómo es tu casa de la palabra?

¿Es una casa oscura, con gruesos muros sin ventanas? ¿Un edificio que hace años que no se reforma, oxidado y lleno de grietas? ¿Un lugar cerrado que no deja entrar nuevas ideas, que no se alimenta de la realidad ni de sueños? O bien es una casa abierta que te permite intercambiar con los demás ideas, emociones, experiencias y sentimientos?

La casa de la palabra te puede recordar la importancia de la humildad cuando quieres establecer una comunicación realmente profunda con los demás. La humildad te permite dar tiempo, atención y escucha y así el otro se convierte en tu maestro, en alguien del que tú puedes aprender. También te señala la importancia de comunicarnos desde la tranquilidad, la paz interior y la calma. Sin autocontrol emocional, todo encuentro se convierte en pelea. Y si te diriges al otro con tu «primitivo» activado, lo que va a salir de tu boca no serán palabras-puente sino palabras-dardo punzantes que dañarán.

Sólo si tu casa mental se halla bien limpia, ordenada, vacía de expectativas y prejuicios y abierta al otro; sólo si tu «primitivo está en la caja» y estás conectado a emociones de serenidad y calma, podrás mantener con el otro conversaciones difíciles sin dañaros mutuamente.

PALABRAS PARA LA REFLEXIÓN

« *Nacemos sin saber hablar y morimos sin haber sabido decir.*

FERNANDO PESSOA

>> *Lo que está claro en las palabras, está claro en la vida.*

MIQUEL MARTÍ I POL

>> *La vida no nos interroga con palabras sino con situaciones.*

JAUME SOLER

>> *Las palabras son salvadoras porque permiten la comunicación.*

KIERKEGAARD

>> *Son las palabras las que cantan, las que suben y bajan... Me prosterno ante ellas... Las amo, las adhiero, las persigo... Amo tanto las palabras... Las inesperadas... Las que glotonamente se esperan, se acechan, hasta que de pronto caen... Vocablos amados... Las agarro al vuelo, cuando van zumbando, y las atrapo, las limpio, las pelo, me preparo frente al plato, las siento cristalinas, vibrantes, ebúrneas, vegetales, aceitosas, como frutas, como algas, como ágatas, como aceitunas... Y entonces las revuelvo, las agito me las bebo, me las zampo, las trituro, las emperejilo, las libero... Las dejo como estalactitas en mi poema, como pedacitos de madera bruñida, como carbón, como restos de naufragio, regalos de la ola... Todo está en la palabra... Se lo llevaron todo y nos dejaron todo... Nos dejaron las palabras.*

PABLO NERUDA

>> *Han prohibido las palabras, para que no pongan en peligro la frágil inmovilidad del aire.*

MIQUEL MARTÍ I POL

≪ *La mitad del mundo se compone de gente que tiene algo que decir y no puede, y la otra mitad, de gente que no tiene nada que decir y siguen hablando.*

ROBERT FROST

≪ *Tal y como sucede con la palabra, la música nace del silencio. Si no se parte del silencio no se pueden entender ni la palabra ni la música. Y hay silencios que invitan a la palabra y silencios que invitan a la música. Algunos de estos silencios me parecen mágicos.*

SOLEDAD PUÉRTOLAS

≪ *Somos sólo palabras, palabras que retumban en el éter. Palabras musitadas, gritadas, escupidas, palabras repetidas millones de veces o palabras apenas formuladas por bocas titubeantes. Yo no creo en el más allá, pero creo en las palabras. Todas las palabras que las personas hemos dicho desde el principio de los tiempos se han quedado dando vueltas por ahí, suspendidas en el magma del universo. Ésa es la eternidad: un estruendo inaudible de palabras. Y a lo mejor los sueños también son sólo eso: a lo mejor son las palabras de los muertos, que se nos meten en la cabeza mientras dormimos y forman imágenes.*

ROSA MONTERO

PREGUNTAS PARA CRECER

- ¿Cuál es tu palabra-puente preferida, aquella que más amas?
- ¿Cuál es la palabra-dardo que te ha generado más dolor?
- ¿Cómo te preparas cuando debes mantener una conversación difícil con alguien?
- ¿Piensas en todo lo que vas a decir o vas con un guión abierto?
- ¿Estás atento a lo que el otro te plantea o bien mientras está hablando ya estás formulando tu respuesta?
- ¿Cómo actúas si el otro te lanza una palabra-dardo? ¿Rebotas otra del mismo tipo?
- Cuando te diriges a otra persona conectado al enfado o al dolor ¿qué tipo de palabras lanzas? ¿Cuál es la última experiencia que has tenido al respecto? ¿Puedes analizar qué pasó, cómo te sentiste y los resultados obtenidos?
- Cuando te encuentras con alguien conectado a la gratitud o al respeto ¿qué tipo de palabras lanzas? ¿Cómo te sientes? ¿Qué resultados obtienes?
- ¿Qué ha sido lo más curativo que te han dicho nunca?
- ¿Qué puedes hacer concretamente para mejorar el nivel de responsabilidad en tu comunicación?

EJERCICIOS PARA PASAR A LA ACCIÓN

Las palabras más bellas que explican tu vida

Después de un intenso trabajo de investigación, finalmente has hallado las diez palabras más hermosas que cuentan tu vida hasta el momento actual. ¿Puedes escribirlas y ordenarlas del 1-10 según orden de importancia? Al lado de cada una ¿puedes escribir en una frase el «por qué»?

Palabra	Por qué
1.	Porque…
2.	Porque…
3.	Porque…
4.	Porque…
5.	Porque…
6.	Porque…
7.	Porque…
8.	Porque…
9.	Porque…
10.	Porque…

Palabras que te dices a ti mismo

Coloca en este cuadro aquellas palabras que correspondan a cada recuadro. ¿Qué te dices a ti mismo en el diálogo interno que estableces? ¿Son palabras que van a tu favor o que te producen sufrimiento?

Los apartados «Me gustaría decir pero no me digo» y «Me digo y me duele» te servirán para detectar PUNTOS DE MEJORA que si trabajas te ayudarán a crecer. Los apartados «Me digo y me gustan» y «No me digo ni me gustan» contendrán palabras y expresiones que estás utilizando y te sirven para una mejor adaptación y aumento de tu automotivación.

Emoción a la que me conecta	Palabras presentes, palabras ausentes		Emoción a la que me conecta
Ej. Gratitud	Me digo y me gusta:	Me gustaría decirme pero <u>no</u> me digo:	Ej. Tristeza
Ej. Sufrimiento	Me digo y me duele:	<u>No me digo</u> ni me gustan	Ej. Alivio

Una pared llena de nombres

Carolina *Elena* Marta
María Alba **Claudia**
Jorge *Alberto* Juan
Jordi Francisco Luisa
Mireia Gabriela
Jose

ÁREA EE Relaciones y Vínculos

CONCEPTOS Ecosistema afectivo / Energías emocionales sostenibles / Principio de unicidad / Principio de responsabilidad / Principio de respeto / Principio de conservación / Principio de coherencia / La familia elegida

ACTITUDES Autonomía / Respeto / Generosidad / Colaboración / Unión

EMOCIONES Amor / Amistad / Afecto / Ternura / Gratitud

Relatos

Tuve una maestra

Un profesor universitario propuso a los alumnos de su clase de Sociología que se adentrasen en los suburbios de Boston para conseguir las historias de doscientos jóvenes. También les pidió que ofrecieran una valoración sobre las posibilidades de cada entrevistado de evolucionar positivamente en el futuro. En todos los casos los estudiantes escribieron: «Sin la menor probabilidad».

Veinticinco años después, otro profesor de Sociología dio casualmente con el estudio anterior y encargó a sus alumnos un seguimiento del proyecto, para ver qué había sucedido con aquellos chicos. Con la excepción de 20 de ellos, que se habían mudado o habían muerto, los estudiantes descubrieron que 176 de los 180 restantes habían alcanzado éxitos superiores a la media como abogados, médicos y hombres de negocios.

El profesor se quedó atónito y decidió continuar el estudio. Afortunadamente, todas aquellas personas vivían en la zona y fue posible preguntarles a cada una cómo explicaban su éxito. En todos los casos, la respuesta más frecuente fue: «Tuve una maestra...».

La maestra aún vivía, y el profesor buscó a la todavía despierta anciana para preguntarle de qué fórmula mágica se había valido par salvar a aquellos chicos de la sordidez del suburbio y guiarlos hacia el éxito.

—En realidad es muy sencillo –fue su respuesta—. Yo los amaba.

¡Romped esta ramita!

Un anciano que se está muriendo convoca junto a sí a los suyos. A cada uno de sus hijos, esposas y parientes le entrega una corta y resistente ramita.

—¡Romped la ramita! –les ordena.

Con cierto esfuerzo, todos rompen la ramita por la mitad.

—Esto es lo que ocurre cuando un alma está sola y no tiene a nadie. Se rompe fácilmente –dijo el anciano.

Después, volvió a dar a cada uno de sus parientes otra ramita y les dijo:

—Así me gustaría que vivierais cuando yo haya muerto. Reunid todas las ramitas en haces de dos y de tres. Y ahora, quebrad los haces por la mitad.

Nadie consiguió quebrar las ramitas que formaban haz. El anciano los miró sonriendo:

—Somos más fuertes cuando estamos con otras almas. Cuando estamos unidos a los demás no se nos puede romper.

VISIÓN

Personas que han iluminado nuestra vida y nos han ayudado a crecer desde el amor y el respeto

Juega a perder el miedo
y escribe en cualquier
pared de tu casa
todos los nombres
que han llenado
de luz tu vida,

para decirlos uno a uno
y no sentirte nunca ni abandonado ni solo.

MIQUEL MARTÍ I POL

Miro atrás a mi juventud y veo cuánta gente me ha brindado ayuda, comprensión y ánimo —cosas muy importantes para mí— aunque ellos nunca lo supieron. Penetraron en mi vida y se convirtieron en fuerzas motoras dentro de mí. Todos nosotros vivimos espiritualmente de lo que otras personas nos han dado, a menudo sin saberlo, en las horas importantes de nuestra vida. Quizás en aquellos momentos ni tan siquiera nos dimos cuenta. Posiblemente no lo reconozcamos hasta años más tarde cuando miremos atrás, como cuando uno recuerda alguna música de hace mucho tiempo o un paisaje de la niñez. Todos les debemos a otros una gran parte de la dulzura y la sabiduría que hemos hecho nuestras; y bien podemos preguntarnos qué es lo que los otros han recibido de nosotros.[4]

Es bueno saber que existen y que están ahí, aunque físicamente estén lejanos; saber que el mundo es mejor, porque ellos lo hacen mejor. Es bueno saber que podemos contar con nuestra familia escogida y que ella puede contar con nosotros. Es bueno saber que el mundo puede contar con nosotros y con nuestra familia: porque estamos «disponibles», porque somos responsables, y porque hemos elegido el amor que libera en lugar del sucedáneo de amor que nos venden —el des-amor que esclaviza—. Respiran-

---

4   Adaptación de un texto atribuido a Albert Schweitzer, médico misionero y filósofo alemán.

do el amor como respiramos el aire: dejando que entre y dejando que salga. Un continuo flujo de energía que lo mejora todo. El amor como nuestra mejor baza, como el camino más creativo y solidario. Es importante enamorarse de este amor que libera y no ata. Es bueno saber que las personas que forman nuestra familia afectiva, y que nos acompañan, han sido elegidas con el corazón a la vez que con la razón; que podemos ser nosotros mismos sin necesidad de colocarnos máscaras para protegernos; que están en nuestras vidas pero no mezcladas con ellas.[5]

Imagina una pared, limpia, vacía, sin nada. Imagina que es «tu pared interior», ¿de qué color la pintarías? Dale el color deseado. En ella puedes pintar nombres luminosos para llevarlos contigo siempre. ¿Estás preparado?

Reflexiona sobre tu vida. Cuando naciste unas manos te recibieron. Llegaste a una familia que no elegiste. Has sido criado por adultos que pueden haber sido emocionalmente cálidos o fríos, que te han acompañado en tu proceso de crecimiento animándote a avanzar o llenando tu mente de posibles peligros.

Desde entonces has crecido y muchas personas han pasado por tu vida. «Ahora tu vida es parte de la mía. Yo ya soy la suma de mi experiencia, de la tuya y de todas las personas que se han cruzado en mi camino» –dice el personaje de Lisa Morrison en *Historia de una vida* de Donald Margulies–. ¿Qué personas se han cruzado en tu camino a lo largo de tus horas vividas? ¿Cuántas, además de cruzarse, han permanecido y se han entretejido contigo? ¿Cuántas

---

5 *Juntos pero no revueltos.* JAUME SOLER y MERCÈ CONANGLA. RBA bolsillo.

han dejado una profunda huella en tu vida? ¿Cuántas una huella luminosa que te muestra un mejor camino? ¿Qué parte suya has integrado? ¿Qué valores, pensamientos, aficiones, formas de ver el mundo y de vivir la vida has absorbido? La persona que eres hoy es el producto de todo ello.

Algunas personas han permanecido poco tiempo en tu vida y no han dejado una huella profunda en tu corazón. Llegaron y se fueron. Otras, en cambio, vinieron para quedarse y ya forman parte de tu alma. Su presencia ha sido importante para que hoy seas la persona que eres. Ellas te han ayudado a dar lo mejor de ti mismo. Éstas son las personas luminosas, los nombres de las cuales te proponemos pintar en tu pared interior.

Los demás te pueden trasferir lo mejor y lo peor de sí mismos. Es tu tarea discernir y decidir qué tiene valor y qué es basura de lo recibido. Y si lo que se te trasfiere es amor a la vida, recibes un regalo valioso a modo de legado.

Una pared en tu casa interior, llena de nombres brillantes…, todo un homenaje a las personas que te han mostrado lo mejor de la vida. Si los pintas en tu interior, los llevarás siempre contigo. ¿Qué nombres luminosos escribirás en tu pared?[6]

¿Te has acordado de la persona más importante de tu vida? ¡Tú!

---

6 *Corazón que siente, ojos que ven.* Mercè Conangla y Jaume Soler. Booket, 2012.

PALABRAS PARA LA REFLEXIÓN

《《 *Es emocionalmente ecológico e inteligente escoger relaciones que nos permitan crecer y ser mejores, en lugar de resignarnos a lo que la genética, el azar o la cultura ha establecido como obligación.*

SOLER & CONANGLA

《《 *Andar por la vida es ir hacia uno mismo y encontrar en el camino a los demás.*

Víctor Frankl

《《 *Todo el mundo fuera de mí no sólo me concierne sino que me constituye.*

JORDI LLIMONA

《《 *Empatía es una instantánea, un trozo de la realidad de esta vida que vive en nosotros. En estos momentos, te das cuenta de que tú y el otro sois en verdad sólo uno.*

JOSEPH CAMPBELL

《《 *La única certeza de inmortalidad es reconocerse en los demás. Yo me reconozco en la cantidad de amigos que conocí hace siglos o milenios en los lugares más remotos del planeta.*

EDUARDO GALEANO

《《 *Es mágico. Es ciego. Es todopoderoso. Es brujo. Es loco. Es tirano. Es sagrado. Es impredecible. Lo rige el destino. Es obra de los dioses. Es misterioso. Es caprichoso. Es eterno. Es irracional. Del amor se ha dicho y se dice esto y se dirá mucho más. Casi todo lo que se le atribuye tiene que ver con lo ingobernable, con lo azaroso, con el arrebato emocional.*

SERGIO SINAY

Sencillez y amor… allí donde todo es posible.

JAUME SOLER

La nueva familia está formada por un grupo de personas que se relacionan con vínculos basados en el amor, en la generosidad, la solidaridad y el respeto.

SOLER & CONANGLA

Todas las personas pueden ser grandes porque todas pueden servir.

MARTIN LUTHER KING

Sólo hay una esperanza para contener la violencia y es recuperar la sensibilidad por todo lo vivo.

ERICH FROMM

PREGUNTAS PARA CRECER

- ¿Qué personas te han ayudado a crecer?
- ¿En qué te han ayudado o apoyado?
- ¿Qué has aprendido de cada una de ellas?
- ¿Puedes pensar cómo eran en su vivir cotidiano?
- ¿Hay alguna característica común a todas ellas?
- ¿Les has expresado tu agradecimiento en algún momento?
- ¿A quien ayudas tú a crecer? ¿Cómo?

- ¿En la «pared interior» de qué personas piensas que está escrito tu nombre?
- ¿Cuál te gustaría que fuera tu legado al mundo?
- ¿Qué estás haciendo concretamente para conseguirlo?

EJERCICIOS PARA PASAR A LA ACCIÓN

Huellas luminosas

Rellena esta tabla después de haber reflexionado sobre aquellas personas que han llenado de luz tu vida. Piensa en lo que te aportaron y qué características suyas desearías incorporar.

Nombre	Qué me ha aportado	Característica suya que deseo incorporar…

Los capítulos de mi biografía relacional

Eres un importante escritor. Acabas de terminar un libro en el que dedicas cada uno de sus capítulos a cada una de las personas que ha tenido mayor influencia positiva en tu vida y te ha aportado vitaminas emocionales que te han permitido crecer y dar lo mejor de ti. Son personas que te han dado amor o confianza, que te han enseñado el valor de las pequeñas cosas, a mirar, tal vez a valorar la belleza o a ser bondadoso…, ¡tantas influencias!

Este ejercicio trata de que elijas a las cinco más importantes par ti, les dediques a cada una un capítulo en el que al lado de su nombre debes buscar el título que mejor defina la relación que habéis tenido. Y debajo de cada título debes escribir un pie de página explicativo de lo que el lector hallará si continúa leyendo el libro.

Ejemplo

Capítulo 1: Mi tía Sió o las tardes de mi infancia en el huerto cuidando plantas

Acariciar un tallo acabado de salir después de tiempo de haber sembrado. Oler los tomates cuando aún están en el tallo unidos a la planta. El arte de cuidar estos seres silenciosos y amigos. Aún hoy llevo conmigo su amor por las plantas y su capacidad de apreciar la belleza.

Capítulo 1:
Capitulo 2:
Capítulo 3:
Capítulo 4:
Capitulo 5:

♦   ¿Cuál sería el título del libro completo?

- ¿Qué conclusiones sacas de este ejercicio?
- ¿Crees que puedes formar parte del libro de alguna persona? ¿Cómo crees que esta persona titularía tu capítulo? ¿Puedes imaginar y redactar el pie que lo acompañaría y que habla de lo que tú has aportado a su vida?

ANEXOS

- Carta abierta a los educadores
- Guía temática: del concepto a la metáfora

Carta abierta
a los educadores

Vosotros, que tenéis el privilegio de acompañar a los seres más especiales del planeta, los niños y jóvenes en su proceso de crecimiento, no podéis dejar pasar la oportunidad de hacer que vuestra pieza del *puzle* contribuya significativamente a la construcción de un mundo mejor. Y dado que nunca es demasiado pronto para empezar a andar por el *laberinto,* os proponemos un reto: incorporad estas metáforas y sus técnicas a vuestro día a día y a la educación emocional de los niños y jóvenes.

- Ser un *CAPA* es el objetivo: Visualizad la cometa CAPA… cuando os levantéis, cuando entréis al aula o a vuestro espacio de trabajo…, cuando os sentéis a preparar vuestras actividades para el día siguiente, o a planear un fin de semana en familia. Preguntaros: «Esto que estoy haciendo, ¿ayuda a promover personas más Creativas-Amorosas-Pacíficas-Autónomas?

- Da igual si son matemáticas, lenguas, música o la vida misma… buscad *las 3 patas al taburete…* y que cada actividad que planteéis contemple no sólo el desarrollo individual del niño, sino también cómo ese conocimiento o el mismo proceso de aprenderlo, le ayuda a construir mejores relaciones con los demás y a contribuir en proyecto común de la humanidad.

- No os conforméis y pedid siempre un poco más a sus *peces koi*. Animadles a salir de la pecera y mostradles la belleza del inmenso mar. Enseñadles que crecer es ampliar territorios. Dadles la oportunidad de desarrollar sus potenciales hasta límites que ni ellos mismos sospechan.

- Visualizad los *erizos* y, hagáis lo que hagáis, hacedlo adoptando la distancia óptima. Recordad que cada persona tiene la suya. Poned atención para detectarla y aprender a respetarla.

- No dejéis de regar el *bambú* y practicad la paciencia y el respeto de verlos crecer cada uno a su ritmo.

- Y cuando os fallen las fuerzas, emulad a *Renoir* y no paréis «de pintar». Recordad que el dolor pasa pero la belleza perdura. Vuestro esfuerzo se materializará en un mejor mundo mañana a través de los que hoy son nuestros niños.

- Antes de abrir la puerta del aula o de casa, aseguraros de que hayáis gestionado vuestras *basuras emocionales*. Así evitaréis que la *lluvia ácida* provoque heridas en su autoestima. Dejad que *Aristóteles* se ocupe de vuestro *primitivo*. Veréis que generando emociones agradables conseguís mejores resultados.

- Tiraros al agua y atreveros a explorar la base de vuestro *iceberg*. No dejéis nunca de visitar la *casa de las emociones*. Aprovechad las travesías por el *desierto* para reinventaros. Abrid vuestro *saco del fatal* y *reducid-reciclad-reutilizad-*

reparad vuestro mundo afectivo. Alinead vuestro *eje* y convertiros en un ser «sentipensante» porque sólo así podréis ayudar a otros en el camino de su construcción personal.

- Practicad el *Kolam.* Seguro que vuestra experiencia como padres, madres y educadores os proporciona cada día muchas razones para sentiros agradecidos y vivir intensamente infinidad de pequeños momentos mágicos en compañía de esta futura generación CAPA.

- Y por encima de todo: trabajad cada día para merecer ocupar un lugar en sus *paredes llenas de nombres.* Tenéis la gran oportunidad de ser una de las personas que marquen la diferencia en su desarrollo vital. Esto aporta una gran fuente de sentido a vuestra tarea de educar.

¡Gracias a todos por ser modelos de influencia de personas emocionalmente ecológicas!

Guía temática: del concepto a la metáfora

Concepto	Metáforas aplicables
Agresividad	Primitivo – Aristóteles – Saco del fatal – Cometa CAPA – Lluvia ácida
Amor a la vida	Todas
Asertividad	Capítulo meteorología emocional
Austeridad emocional	4 R's
Atención plena	Kolam
Autoconcepto	Iceberg – La casa de las emociones
Autocontrol, autogestión emocional	Primitivo – Aristóteles – Saco del fatal – 10 por 100
Autoestima	Cometa CAPA – 10 por 100
Automotivación	Kolam – Conservas emocionales
Autonomía emocional	Cometa CAPA
Belleza	Renoir
Caos emocional	Primitivo – Basura emocional – Saco del fatal – Aristóteles
Coherencia	Eje – Renoir
Comunicación emocional	Casa de la palabra
Contaminación emocional	Basura emocional – Lluvia ácida – 10 por 100
Creatividad	Cometa CAPA – Renoir

Concepto	Metáforas aplicables
Crecimiento personal	Pez koi – El taburete de tres patas
Crisis	Desierto – Renoir
Decisiones	Laberinto – Eje – Mapas y dragones
Defensa, Mecanismos	Erizos – 10 por 100
Desprendimiento	Desierto
Diversidad	10 por 100 – Puzle
Distancias adecuadas	Erizos
Empatía	Erizos – Casa de la palabra – Casa de las emociones
Energías emocionales	Kolam – Cometa CAPA – Conservas emocionales
Esencia de uno mismo	Laberinto – Iceberg
Generosidad emocional	Conservas emocionales – Una pared llena de nombres
Gratitud	Kolam – Una pared llena de nombres – Conservas emocionales
Incertidumbre, Gestión	Mapas y dragones – Bambú
Individualismo	Puzle – Taburete de tres patas
Influencia	Eje – Taburete de tres patas
Intangibles, Gestión	Iceberg – Casa de las emociones
Interdependencia	Puzle – Una pared llena de nombres
Ofensas, Gestión	Aristóteles – Primitivo – Basuras emocionales – Lluvia ácida – 10 por 100
Paz	Cometa CAPA – Eje

Concepto	Metáforas aplicables
Pérdidas	Desierto – Renoir
Relaciones	Bambú – Una pared llena de nombres
Sentido	Laberinto – Renoir
Resiliencia	Bambú – Renoir – Una pared llena de nombres
Solidaridad	Puzle – Conservas emocionales
Sostenibilidad emocional	4 R's
Sufrimiento	Renoir
Toxicidad emocional	Basuras emocionales – Lluvia ácida
Vitaminas emocionales	Kolam – Conservas emocionales
Vulnerabilidad	Desierto – Renoir – Erizos
Zona de comodidad	Mapas y dragones

Índice